U0897207

识人 用人

像管理资金一样管理人

Talent Wins

The New Playbook
for Putting People First

[美] 拉姆·查兰（Ram Charan）
[加拿大] 鲍达民（Dominic Barton）
[美] 丹尼斯·凯利（Dennis Carey）
著

杨懿梅
译

中信出版集团 | 北京

图书在版编目（CIP）数据

识人用人 /（美）拉姆•查兰，（加）鲍达民，（美）丹尼斯•凯利著；杨懿梅译 . -- 北京：中信出版社，2019.7（2024.9 重印）
书名原文：Talent Wins
ISBN 978-7-5217-0673-4

I. ①识… II. ①拉… ②鲍… ③丹… ④杨… III. ①企业管理—人力资源管理—研究 IV. ① F272.92

中国版本图书馆 CIP 数据核字（2019）第 099594 号

识人用人

著　　者：［美］拉姆•查兰 ［加］鲍达民 ［美］丹尼斯•凯利
译　　者：杨懿梅
出版发行：中信出版集团股份有限公司
（北京市朝阳区东三环北路27号嘉铭中心　　邮编　100020）
承 印 者：北京盛通印刷股份有限公司

开　　本：880mm×1230mm　1/32　　印　　张：7.5　　字　　数：140 千字
版　　次：2019 年 7 月第 1 版　　印　　次：2024 年 9 月第 7 次印刷
京权图字：01–2019–3173
书　　号：ISBN 978–7–5217–0673–4
定　　价：59.00 元

拉姆致谢

献给在同一屋檐下共同度过15年时光的12位兄弟姐妹，向这个温暖的大家庭致敬，你们牺牲了自己，成全我得到了接受正式教育的机会。

鲍达民致谢

献给所有人力资源领导者，你们多年来一直大声疾呼人才议题的重要性，谢谢你们——你们是对的！

丹尼斯致谢

献给我的孩子们——马特和美琪，你们常常令我惊叹，又时常鼓舞我。献给与我合作了二十多年的助理多娜·格里格，你在幕后默默做了那么多的工作，却把荣誉与光环都给了我。

目 录

第四章
是时候炸掉人力资源部了！ / 87

人力资源工作分为两类：一类是行政性人力资源工作，一类是战略性人力资源工作。传统人力资源在行政性人力资源工作中消耗了大量的时间、精力和资源，现在很多新技术不仅可以将之简化，甚至还能自动化，实现大幅降本提效。这样一来，人力资源就能被解放出来，专注做好战略性人力资源工作，为企业创造更大的价值。

第五章
内部人才是企业发展的强大基石 / 117

当今时代，人才为王。企业未来命运在很大程度上取决于是否能形成有效的机制与方法，助力组织人才持续提升。这要求企业不仅要营造良好的组织环境及氛围，让优秀人才能够脱颖而出，还要大力借助各种智能技术，为他们提供个性化的辅导培养、薪酬激励以及发展规划。人才培养应当是动态的变化过程，特别需要持续性的即时反馈。

推荐序

以人为本：人才比资金还重要

以人为本，并非表面上那么不言自明。亨利·福特曾感慨："每次只需要一双手，来的却是整个人。"工业时代，技术和市场的演变相对稳定，企业的挑战就是以最小的成本实现最大规模的生产。显然，和机器相比，人作为一种工具，既不稳定，成本又高。人力资源部门的重要任务就是在维持正常运营的条件下尽量压缩人力成本。

即便现在这个时代，"以人为本"仍是心口不一。不确定性环境下，中心化的顶层设计已不能满足时代的要求，企业需要的不仅仅是熟练的手，更需要员工活跃的脑。但是人力资源仍然是一个考量成本费用的部门，在这种理念下，绩效管理是严格而苛刻的，培训开发更是仅仅以够用为限。

这种现象不足为奇，因为这些企业行为的背后仍是经济人假设，人只是工具而不是目的。以人为本就是承认人力资源是企业最宝贵的资源，人力资源所具有的创造性和可持续利用性，是世界上任何一种物质资源都无法比拟和替代的。以人为本代表了一种全新的假设和管理范式，意味着从管理理念到管理实践的深刻变革。正如一位企业领袖所说："你可以拿走我全部的资产，但是你只要把我的组织人员留下来给我，五年内我就能够把所有失去的资产赚回来。"

以人为本的"人"，指的是无论相对于西方的神还是东方的物，要把人的价值摆在第一位；以人为本的"本"，指的是与神和物相比，人才是更重要、更根本的，不能本末倒置，不能舍本求末。

回到实践层面，如何做到"以人为本"？这本书就是解决这个问题的。

本书作者是全球顶尖的管理咨询大师，他们在本书中提供了一套既有创意又简单易行的方法，其目的就是要做到像管理资金一样管理人才，使得企业能够面向未来、赢在未来。

本书非常独特，采用的是 CEO 的视角。企业成败，关键在人。要想把自己的企业打造为人才为先的组织，CEO 必须在以下几个方面转换思路：必须像重视资金那样重视人才；必须像重视财务职能那样重视组织人力职能；必须要用对待资金管理那样认真严谨的态度，来管理组织人才工作。

书中提出要区分两类不同的人力资源工作，把人力资源从传统的、重复性的、低价值的行政性人力资源工作中解放出来，让他们把更多的时间精力、聪明才智聚焦在更能为组织创造价值的重点工作上。CEO 可以通过三大抓手来推动人才管理变革：一是组建 G3；二是识别培养关键人才（2% 法则）；三是充分借助智能技术。这些思路和措施都非常具有启发性。

本书的可读性非常强，逻辑清晰，表达流畅，阅读的过程会深受感染，殊为难得，推荐给大家。

陈春花

上海创智组织管理数字技术研究院院长

新华都商学院理事长

2019.6.10 于朗润园

前　言

人才管理急需变革

企业成败，关键在人。这个道理，大家都懂。但往深里想，真正的核心问题才会浮现出来。偌大的组织，人员众多，哪些才是决定企业成败的关键人物？对于这些人，企业怎样才能更好地培养他们快速成长，激发他们释放潜能？

很多企业家和高管都知道人才的重要性，但问题是他们还沿袭着几十年前的管理思路和工具方法，比如科层式组织架构、按部就班的人才培养机制等。然而，当今快速变化、充满不确定性的时代，要求企业持续寻找、快速发现、迅速把握新的发展机会，也迫使企业持续思考，在新的时代应该用什么新的方法来推动组织人才管理。因为归根到底，发现机会的是人，制定战略的是人，落地执行的还是人。

要想改变组织人才的管理方式，找到适应新时代的新方法，绝非易事。需要清晰构想未来企业的样貌、未来人才的要求、未来组织的机制，并以此为出发点，细致思考如何推动变革。这样的工作，关乎企业未来命运，必须由领导者亲力亲为，必须是领导者工程。

过去一谈到组织人才，大家就会觉得有点虚，总觉得这么虚的事不值得领导者花时间、花精力。

但现在，你要认识到，人才工作在新时代更为重要，人才管理方式的变革在现阶段非常关键，会在很大程度上改变企业已沿袭了几十年的常规做法。

这就是为什么我们一直强调，企业要基业长青，领导者就必须像关注经营业绩、资金链安全和资金高效配置那样，关注人才工作。我们都需要认真思考，自己在人才选用方面做得怎么样，对关键人才有多了解；在组织机制设计方面，有没有认真思考如何营造良好的组织氛围，让人才有机会充分发挥潜能，为组织创造最大的价值。

这样的人才变革头绪众多，的确很复杂、很困难、很有挑战。然而如果你能做到，它给企业带来的回报也将非常丰厚。

过去几十年，我们三个人在各自不同的岗位上为全球企业提供咨询。拉姆·查兰是全球顶级CEO和董事会的顾问，帮助他们思考如何推动重大战略转型，如何真正为企业创造价值。鲍达民刚刚卸任麦肯锡咨询公司全球总裁，该公司致力于帮助全球优秀企业及企业家，在企业发展的关键时刻制定调整战略，优化业务模式。丹尼斯·凯利是光辉国际公司（Korn Ferry）全球副董事长，该公司是全球顶级猎头公司，为企业寻找合适的董事、CEO以及高管。

最近这段时间，我们接触到的每位企业家几乎都在思考同样的问题，即：自己的企业在人才招募、任用、培养方面做得怎么样？怎样才能为客户创造更大的价值，能否比竞争对手做得更加优秀？自己的企业在人才方面的管理方式在新的时代是否还适用、还正确，还能帮助企业应对越来越快的外部变化，还能支撑企业持续的业务调整及转型？

这些共同的问题反映了当今时代大家的共识，即企业成败，关键在人，而且人才的重要性，远超以往。过去大家讲现金为王，今天我们要讲“人才为王”，因为归根到底，真正创造价值的是——人。

正是这些共同的认知以及痛点，促使我们三个人决定，在当下这个时刻一起来写一本书，帮助全球的企业家、董事、高管及创业者迎难而上，找到新时代组织人才的突破之道。

人才和资金同等重要

大家可能玩过一款叫《全球统治》[①] 的桌游，所有玩家都有一个简单直接的目标，就是通过调兵遣将，打败其他玩家，最终一统天下。起初可以有多位玩家，但一段时间后，部分弱小玩家逐渐被淘汰出局，通常会剩下两三个主要玩家一决高下。在那个时点，局势还不明朗，貌似每位玩家都有获得最终胜利的机会。

运气，当然是影响因素之一，毕竟要靠掷色子，掷出来的点数基本是靠运气。然而除了运气，对战局影响更大的却是每位玩家如何调兵遣将：是集中优势兵力打击敌人的弱点，还是平均部署，尽量少冒风险，不把所有的鸡蛋放在一个篮子里？是不断强化优势地区，还是投入军力弥补短板？这些关键抉择，都会影响最终结果。

① 《全球统治》，英文名为 Risk，也译为《大战役》，是一款侧重于策略的经典战棋游戏。——译者注

这个游戏与企业经营有很多相似之处。如何调兵遣将，如何配置资源，正是决定成败的关键所在。那么对于一家企业，手中的资源有什么呢？

过去几十年，很多企业关注的是资金。这么做，的确很有道理，而且也为企业创造了价值。一个强有力的佐证来自麦肯锡咨询公司三位咨询顾问[①]的研究。他们系统性地分析了1600多家美国公司，追踪了这些公司在15年间资金配置与企业价值之间的关系。研究发现，那些能根据外部市场机会及业务经营结果主动调整资金配置的公司，相比那些在此方面消极被动的公司，企业价值要高40%以上。而且，在那些主动调整的公司中，做得最好的前1/3比后1/3企业价值要高30%。

的确，优秀的企业家会持续关注业务经营状况，并根据内外部形势变化，调整资金配置。对于这些企业，股票分析师也会给予更高的评价，比如谷歌母公司Alphabet。然而像谷歌这样的创新企业，不仅重视资金配置，也非常重视人才等关键资源，而且做得非常出色。

为何如此？因为说到底，企业最重要的资源无非两项：一

① 这三位咨询顾问分别是史蒂芬·霍尔（Stephen Hall）、已离职的丹·洛瓦罗（Dan Lovallo）和雷尼尔·马斯特斯（Reinier Musters）。

是资金，二是人才。

而且与资金配置相比，人才选用更加困难。钱是死的，人是活的。钱，无论是美元、欧元还是其他币种，无论你怎样使用，它们都不会抱怨。但人就不一样了，人有主观意愿，都想掌握自己的命运，尤其是各领域的顶级人才。要想吸引他们，你不仅要认同他们，更要主动询问，尊重他们的主观意愿。此外，你还要创造一个良好的工作环境，更好地激发这些优秀人才的兴趣爱好、远大志向及创新创意，让他们帮助企业塑造战略、打造未来。

当然在组织人才方面，每家企业都有自己的独特方法。比如谷歌会给员工很大的自主性，让他们选择自己有兴趣加入的工作项目。还有些公司，比如说海尔和麦肯锡，会创建内部人才市场。

我们希望这本书能帮你找到一套行之有效的方法，像管理资金一样管理人才。虽说每家企业都不尽相同，很难形成放之四海而皆准的统一方法，但具体方法背后的指导原则很可能是共通的。为此，我们三人访谈了数百位 CEO、CHRO（首席人力资源官）、CFO（首席财务官）、企业董事以及其他业界精英。深入访谈中，我们发现这些能够面向未来、有可能赢在未来的企业，都在遵循共通的指导原则，推动着人才管理模式的变革。这些企业包括 ADP、安进、怡安、苹果、黑岩、黑石、谷歌、海尔、强生、信达、百事可乐、挪威电信等。我们会在书中详细阐述这些指导原则，相信这些指导原则也有可能帮助到你的企业，让你的企业在新时代实现快速增长。

人才管理变革的有效路径

本书源于一个朴素且深刻的核心思想，即真正创造价值的是人。

关于人的重要性，没人会表示异议。但要在企业经营中真正改变过去的人才管理方式，实现管理变革，把人才放在第一位，绝非易事。为了帮助你实现变革，本书将整个变革过程归结为 4 步，并就每个步骤提出了一些既有创意又简单易行的方法，详见图 1。

顶层共识

领导者要想推动人才管理变革，真正把人才放在第一位，光靠自己一个人单枪匹马肯定是不行的。因此，我们在第一章“顶层设计的三个抓手”中开门见山，重点阐述了领导者可以借助的三个有力抓手。

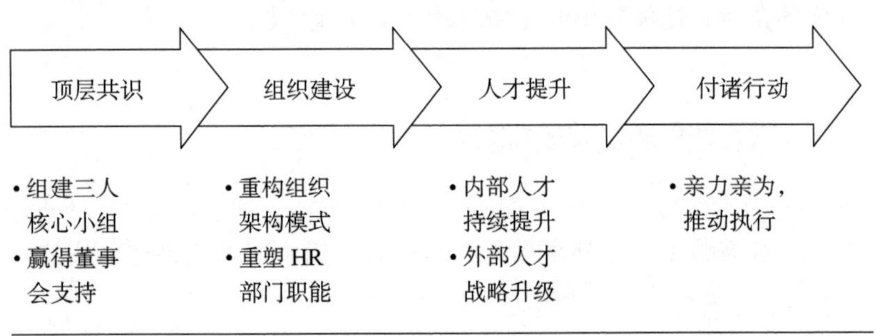

图 1　人才管理变革的 4 个步骤

第一，组建三人核心小组（G3）。CEO 要从顶层共识入手，成立由 CEO、CFO 及 CHRO 三人组成的核心小组，让 CHRO 和 CFO 成为自己的左膀右臂，让 CHRO 有机会像 CFO 那样，真正为企业创造价值。俗话说，一个好汉三个帮，这一顶层的三人核心小组，能帮助你推动人才管理变革，确保人才管理工作也能像资金配置一样，方法科学，过程严谨，与企业战略高度同步。

第二，识别培养关键人才（2% 法则）。你要对组织中的关键人才进行梳理，列出名单，进行名单制管理。偌大的企业，究竟哪些算关键人才，值得你花时间亲自管理呢？在我们看来，人才管理可以遵循“2% 法则”，即无论组织多大，都只有极少数的关键人物（比如占比 2%①）会对组织整体效能产生巨大影响。你可以参考这一法则，思考哪些人是组织中的关键。在这里，我们想特别强调的一点是，关键人才并非论资排辈，也很可能不是按职级排序，某些重点领域的技术专家或者潜质出众的年轻才俊，也值得你特别关注。对这些关键人才不了解，你就不可能对他们进行有效识别、任用及培养。

第三，充分借助智能技术。新时代带来了新工具，领导者也需要充分借助智能技术，对内对外发掘人才，不断提高人才管理的精准性及有效性。

顶层共识不仅要在企业内部达成，还要与董事会达成共

① 这里的 2% 并非绝对，而是个概数，其核心思想在于，组织中极少数的关键人才会对组织整体产生巨大影响。有时这个比例可能是 2%、5%，在有些过万人的大型企业中，也许只有 0.5%~1%，甚至更少。通常不论企业多大，这样的关键人才不会超过 200 人，在绝大多数企业中大约会是几十个人的数量级。——译者注

识。因此在第二章“拉拢董事会，为变革出谋划策”中，我们介绍了如何在 4 个方面赢得董事会的支持与帮助。

如果做得好，董事会可以成为人才管理变革过程中的重要推手。过去，董事会考察企业经营，判断企业是否在为股东创造价值，考量的是 TSR[①]。今后，他们还需要认真考量一套新的 TSR，即组织人才、发展战略和重大风险（talent，strategy，risk）。在新的 TSR 中，组织人才的重要性会更为突出。如果董事会也认同这一理念，那么他们就会在时间精力及工作重点方面进行相应的调整。

具体如何赢得董事会的共识与支持，以及如何调整董事会工作机制，我们会在第二章中详细说明。在此仅举一例，比如董事会通常都会下设薪酬及提名委员会，负责企业高管的提名、任用及拟定薪酬激励政策。如果董事会真的高度认同新的组织人才指导原则，那么除了企业高层，他们还需要对关键人才予以足够的重视，并在这方面投入必要的时间和精力，而且薪酬及提名委员会也许改名为人才委员会更为合适。

① TSR 是 total shareholder return 的英文首字母缩写，指的是股东全回报，等于公司股东在其持有公司股票期间取得的资本利得加股息。

组织建设

前两章讲的是关于组织人才管理变革的第一步，即如何达成顶层共识。接下来的第三章和第四章主要讲如何进行组织建设，其中包括如何重构组织、如何重塑人力资源。总之，要让企业在组织人才管理方面能像资金管理那样严谨高效。

在很多传统组织中，每项工作、决策、考核激励、薪酬提升以及各种大事小情，都是按部门、按职能、按业务线，逐层逐级纵向汇报的。这种条块割据、等级森严的科层式组织，往往会埋没人才，让有才华、有抱负的高潜人才有种永无出头之日的感觉。

把组织人才放在第一位的新时代组织形式，应该是什么样的呢？其实大家都在创新、探索、尝试的过程中，还没有统一的标准答案和放之四海而皆准的唯一法则。第三章“打造以人才驱动的组织形式”介绍了几家领先企业的探索历程。虽然各家的具体方法不尽相同，但在它们重构组织的过程中，有三大核心要素非常一致，即灵活团队、平台组织、使命意义。

在这些领先企业中，很多工作是通过跨职能的灵活团队完成的。这样的团队可以根据工作需要灵活组建、解散，并可根据工作进展随时调整。这样扁平化、敏捷型的组织机制，更有利于激发团队创造力，促进人才迅速成长，推动组织快速决策。换个角度想，这就是要打破现有僵化的组织架构，形成新的工作模式，充分发挥人才协同及组织潜能。这样的组织机制调整，不是一朝一夕、做一两个敏捷项目就结束了。快速变化的当今时代，这是大势所趋，甚至是形势所迫。遵循传统僵化的组织机制没有出路，你必须思考如何重新搭建组织架构，重新设计内部机制。而且要想在持续变化的环境中与时俱进、变中求胜，你的组织机制必须保持动态调整。组织机制调整没有一定之规，很多模式方法可以参考尝试。条条大路通罗马，真正重视组织人才工作的企业最终都必须敏捷快速，必须极具使命意义，必须能营造良性的组织氛围，促进人才的快速成长。

第四章“是时候炸掉人力资源部了！”则聚焦于另一个非常重要的议题，即如何重塑人力资源。在新的时代，人力资源必须重新自我定位，致力于让自己成为重要的价值创造者，成为企业的竞争优势。关于如何重构人力资源，市面上有很多书籍。我们的视角比较独特，我们跳出了人力资源的范畴，没有就人力资源谈人力资源，而是从领导者的视角，在新时代传统人才管理工作急需突破变革的大背景下系统性地思考，应如何重新定位人力资源，如何重构人力资源工作。

重新定位人力资源，要从 CHRO 开始。正如我们在第一章中所述，CHRO 不仅要是识人和用人方面的高手，还必须懂业务，即亲自经营、管理过业务，必须像 CFO 那样为组织创造价值，成为 CEO 真正的合作伙伴，成为三人核心小组中真正的一员。

重构人力资源工作，首先需要区分两类不同的人力资源工作。一类是行政性、重复性相对比较高的工作，如工资福利、薪酬激励、规定政策、员工帮助等，我们称之为“行政性人力资源工作”；另一类是战略性、创造性要求相对比较高的工作，如人才战略、组织诊断、学习发展、团队建设、关键人才招聘、绩效管理及激励政策等，我们称之为“战略性人力资源工作”。

对于行政性人力资源工作，CEO 和 CHRO 需要精诚协作，共同做出一些艰难的决定。比如，哪些行政性的人力资源工作可以实现自动化，可以外包，可以转移到人力资本更低的国家或地区。有些人力资源管理软件也可以带来巨大的改变，将很多需要人工的、重复性的行政工作交给系统自动处理。比如强生公司，原来 2/3 的行政性人力资源工作已可自动完成。

在此需要特别说明的是，这绝不意味着人力资源部门不重要，没有存在的必要。事实上，正是因为我们认为人力资源非常重要，因为企业家、CEO及高管应该花更多的时间在组织人才方面，所以我们建议领导者应该具备组织人才方面的相关经验。

我们思考重构人力资源工作的出发点，是如何把人力资源从传统的、重复性的、低价值的行政性人力资源工作中解放出来，让他们把更多的时间精力、聪明才智，聚焦在更能为组织创造价值的重点工作上。比如，对内如何识别对组织命运影响重大的关键人才？对外如何扩展视野，放眼全球搜寻人才？如何系统性地确保组织拥有强有力的人才梯队？如何制定有弹性的绩效考核标准，确保薪酬政策真正起到了激励的作用？如何持续调整组织架构及工作机制，更快更好地适应不断变化的外部环境及业务需求？如何帮助企业找到新的战略发展方向，并支撑其落地执行？只有聚焦在诸如此类的战略性人力资源工作上，人力资源才能帮助企业经营得更好，才能为组织创造更大的价值。

人才提升

时代变化如此之快，组织需要不断构建新的核心能力。第五章“内部人才是企业发展的强大基石”着重阐述了企业应该如何全面更新内部人才管理方式，确保组织人才的持续提升，并重点介绍了三个方法：一是，借助智能化的数据分析，根据个人特点及岗位需求，做到优秀人才的人岗匹配；二是，创新组织人才管理机制，从促进人才成长、推动业绩增长、提升组织灵活性及创造性的角度，重新审视各项传统制度方法，比如年度绩效评估、薪酬激励设计以及职业发展规划等；三是，学习提升精细到每位员工，确保组织中的每个人都能不断学习新知，持续成长提升。

无论你在内部人才培养方面做得多好，快速变化的外部环境及市场格局都意味着，你必须不断寻找并把握新的业务机会。要想把握这些新的机会，你需要快速建立新的能力，持续引进外部人才。现在对顶级人才的竞争已然非常激烈，而且所有的数据都表明这样的竞争在未来会更为激烈。我们在第六章“广纳外部人才，为我所有”里，重点探讨了如何更为高效精准地找到、招到、融入和用好外部人才，尤其是顶级人才。

要做好外部人才招募，首先需要你保持外部视角，不断扩展视野，敏锐捕捉未来趋势，思考哪些新的动向会影响企业发展，应对现有业务做出哪些调整创新，应重点寻找哪些新的业务机会。在这样快速变化、各行业分工逐渐模糊、“跨界打劫”成为常态的时代，这样的外部视角及敏锐洞察是非常重要的。

此外，你还需要持续跟进外部人才动态，认真思考怎样才能将他们招至麾下。在硅谷，有的企业为了吸引重量级的外部人才，甚至不惜重金收购其创立的企业。在这个方面，CEO必须亲自挂帅，还要让CHRO高度重视，系统性地跟进外部人才的整体状况，形成外部人才招聘及融入的有效机制。众所周知，企业并购的失败率很高，成功的不到一半，其中最重要的原因是对收购企业的核心人才关注不够。

付诸行动

全书最后一章“付诸行动，推动变革”主要讨论的是如何开始行动。说一千道一万，是否能付诸行动，推动组织人才变革，真正把组织人才放在第一位，关键还在领导者。

这意味着领导者需要改变自己的管理思路及领导方式。比如，招募外部人才。对于高质量的外部人才招募工作，领导者需要亲自挂帅，成为关键人才的首席招募官，大胆重构相关的招聘流程及方法，并持续关注外部人才的整体动态。再比如，培养内部人才。你要聚焦于关键人才，让人力资源做好其余98% 的人才工作，确保组织整体持续提升，必要时，让董事会成为你在识人、用人、培养人方面的帮手。

把组织人才放在第一位，不是说说而已。推动组织人才管理变革绝非易事，领导者必须以身作则，从自己做起。对此领导者要旗帜鲜明、全情投入，让大家都认识到这项工作的重要意义，以及对组织成败的关键影响。要想关注投入，在组织人才工作方面多花时间，领导者就必须思考现在占用时间和精力的各项工作，哪些可以少做，哪些可以不做，哪些可以交给别人做。

为了帮助领导者付诸行动、想到做到，我们还制定了一个“行动清单”，以便领导者能更好地梳理思路，思考自己应当做出哪些改变，应当怎样推动组织落地执行。

不确定环境更需人才变革

要想把自己的企业打造为人才为先的组织，领导者必须转换思路：必须像重视资金那样重视人才，必须像重视财务职能那样重视组织人力职能，必须要用对待资金管理那样认真严谨的态度来管理组织人才工作。组织人才管理变革至关重要，是领导者工程，所以领导者必须亲力亲为，大力推动。

这是企业经营思路的重大转变。我们三个人已经思考了很长一段时间。这一思想最初萌发于 2014 年拉姆·查兰在《哈佛商业评论》上发表的文章《分拆人力资源部》。这篇短文的核心在于，在新时代，组织需要对人力资源工作进行重构。一年后，我们三个人沿着这个思路又向前发展了一步。2015 年，我们在《哈佛商业评论》上发表了文章《CHRO 新角色：从决策辅助者到决策制定者》，对人力资源的角色定位及其工作要求提出了新的思考。

本书是对上述两篇文章思想的延续与深入。我们希望大家认识到，如果 CHRO 能够真正懂业务，具备商业头脑，且在公司财务及组织人才方面有深刻的洞见，那么他们完全可以像 CFO 那样成为 CEO 的伙伴，也能帮助 CEO 做出正确的决策，帮助企业创造价值。这样的转变，在当今时代是非常必要的。

企业在组织人才方面痛点很多，变革突破难度很大。就此问题，很多学者及业界精英都有很多研究。我们的思想和洞见，也是建立在巨人的肩膀上的，比如美国南加州大学马歇尔商学院教授约翰·布德罗、宾夕法尼亚大学沃顿商学院教授彼得·卡佩利、哈佛大学商学院教授保罗·麦金农，以及美国密歇根大学教授戴维·乌尔里克。他们的文章、著作以及最佳实践的分享，让我们受益良多。

但本书非常独特，因为我们采用的是领导者的视角。我们思考的问题是，领导者在新时代应当如何思考组织人才管理方式，对于那些影响重大的关键人才，如何更好地识别、吸引、融入、任用、培养及持续提升。我们访谈的数百位企业家、董事及高管，都是组织人才突破变革方面的先行者。他们坚信真正创造价值的是人，他们真正把组织人才放在了第一位。他们的亲身实践和经验分享也让本书增色不少。

企业成败，关键在人。当今时代对组织人才提出了更高的要求，然而很多企业在这方面的思路、理念还停留在20世纪，所用的工具方法还沿袭着过去几十年的老传统。谨以此书献给那些敏于洞察时代变化、敢于推动组织变革以及致力于打造全新企业的企业家、高管及创业者。

企业人才管理，在新时代，需要新攻略。

是时候推动组织人才管理变革，重塑人力资源，真正把组织人才放在第一位了。

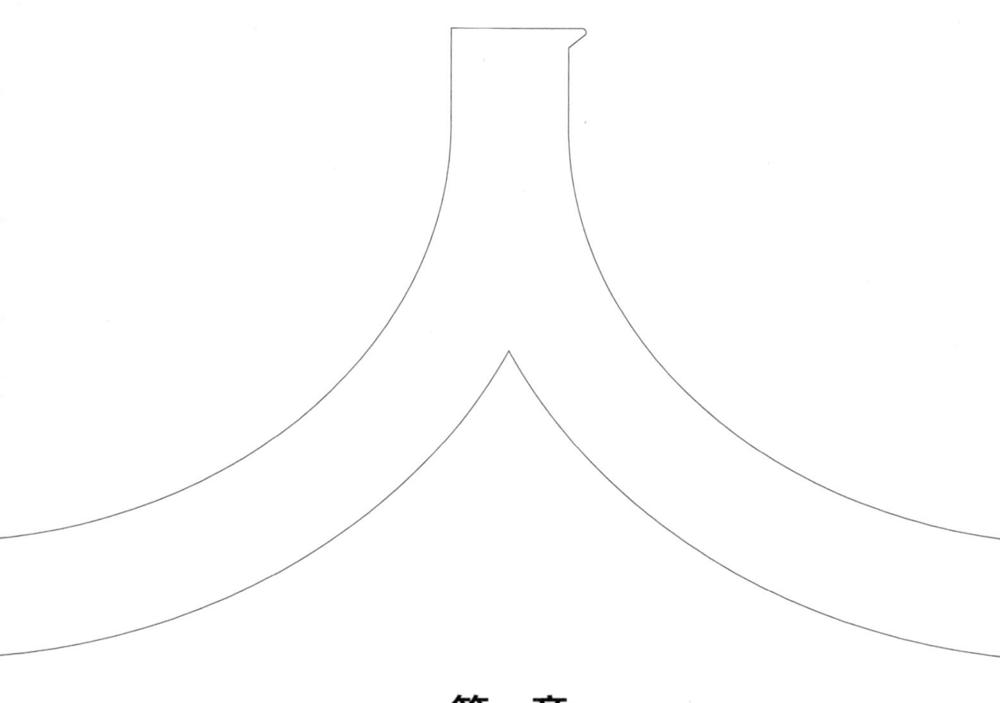

第一章

顶层设计的三个抓手

第一个抓手是三人核心小组，用以打通企业的资金和人才资源，更好地帮助领导者思考人才对业绩结果的影响。第二个抓手是关键人才。识别、任用并培养关键人才，可以帮助企业顺利完成转型，求胜于未知。第三个抓手是智能技术。将人才管理建立在基于数据的数字化系统之上，这样你对组织人才的了解与洞察才会远超以往。

信达公司是美国保险经纪及风险管理行业的巨头。2015 年 4 月，该公司时任 CEO 彼得 · 扎菲诺（Peter Zaffino）做了一个貌似稀松平常、实则意义重大的创举：邀请公司时任 CFO 考特尼 · 雷姆库勒（Courtney Leimkuhler）及 CHRO 玛丽 · 埃利奥特（Mary Elliott）一起研究企业当前的经营状况。

也许你会问，这算什么创举呢？和很多公司一样，信达过去的公司研讨会不是这样的。扎菲诺会定期跟 CHRO 一起讨论组织人才，也会定期跟 CFO 分析财务数据，讨论经营状况。但把 CFO 和 CHRO 请到一起，与他们共同讨论，这样的会议形式在公司最高管理层还是首创。我们将这种由 CEO、CFO 和 CHRO 三人组成的小组，称为三人核心小组（以下简称 G3）。

扎菲诺说："第一次开会，我们讨论了 15 分钟，成果就非常丰硕。"当时他们在白板上画了个 2 × 2 的矩阵图：左右两端分别代表经营结果（CFO 的专长）、组织人才（CHRO 的专长），上下两端分别代表哪些地方做得很好、哪些地方存在问题。方法虽然简单，但当大家把经营结果和组织人才结合起来分析时，很多重要的洞见就自然涌现出来。比如，公司在成本控制、产品差异化方面做得不错，但在组织协同方面还有待提高，有些业务之间没有形成合力，有些业务部门显得冲劲不足，有待深挖潜力。

在这次讨论中，G3 对 CHRO 原本计划推出的销售激励方案进行了修订，以便与公司整体业务目标更加协调一致，鼓励团队不仅要关注短期目标，也要兼顾未来发展。此外，他们还意识到，在业务转型的大背景下，地区公司负责人的转型进展有些滞后。虽然之前也知道这个情况，但对此缺乏足够的重视。当他们把业务目标和人才情况对照起来进行分析时，问题立刻凸显出来，而且的确影响很大。于是三个人当即决定，必须马上解决这个问题。

雷姆库勒说："当你意识到哪些组织调整对经营业绩至关重要时，你就知道该如何取舍了。"而且把讨论规模控制在三个人的小范围内也很有道理，这样更有利于开诚布公地深入探讨核心问题。相比之下，"把 10 位高管都请来，则显得没有太大的必要"。

G3 第一次会议结束之后，扎菲诺决定坚持下去，每季度定期召开三人小组会，而且他们三个人平时也经常沟通探讨。这样的交流，让 CFO 和 CHRO 对公司业务及组织状况都有了更为全面深刻的理解。2017 年夏天，扎菲诺离开信达，到 AIG（美国国际集团）上任。回想起 G3，他说："尽管当时我们在企业经营管理方面已经做得不错了，但 G3 给了我们一个审视自己的独特视角，而且无须冗长的会议、繁复的材料，过程简洁，还能直击要害。"

扎菲诺开创的由 CEO、CFO 和 CHRO 组成的三人小组，是当今领导层推动组织人才管理工作突破变革的重要抓手。因为说到底，在企业经营中，领导层能调用的最重要的资源无非两项：一是资金，二是人才。而且业绩结果都是人做出来的，也就是说财务数据是"果"，组织人才是"因"。在分析经营状况时，把组织和人的因素纳入进来，才是真正的追本溯源，才能发现根本问题。

在这一章中，我们将深入探讨企业领导推动组织人才管理变革的三大抓手：一是组建 G3，二是识别、培养关键人才，三是充分借助智能技术。关于组建 G3，你需要思考组建 G3 的初衷是什么；如何保证 G3 的有效性；怎样才能真正做到像重视资金那样重视人才，像重视 CFO 那样重视 CHRO，像用资金管理那样认真严谨的态度来管理人才。关于识别培养关键人才，需要遵循“2% 法则”，将那些为数不多但对组织整体影响巨大的人列入名单，对他们给予足够的重视。在数字化时代，领导者也需要充分借助智能技术，对内对外发掘人才，不断提高组织人才管理的精准性及有效性。有了这些抓手，一把手才能有力推动组织人才管理变革。

组建三人核心小组

由 CEO、CHRO 和 CFO 组成的三人核心小组，能够把企业经营的两大资源（资金和人才）打通，能够更好地帮助领导者从顶层设计的角度，思考人才对业绩结果的影响。

在前面讲到的信达公司的案例中，扎菲诺组建了 G3。通过正式的季度研讨及平时的日常沟通，在做重大决策、战略运营及未来规划时，他们会思考如何确保人才及资源配置对战略目标的有效支撑。在分析过往经营业绩时，他们会追根溯源，思考业绩好坏背后的根本原因。在规划未来的业务发展时，他们会从人的角度出发，思考组织是否具备达成新目标、发展新业务所必备的核心能力和人才基础。要做到这些，他们三个人必须对相关人员有充分的了解，才能判断预测其可能达成的业绩结果。G3 的讨论结合了财务和人力，是分析企业经营状况更为全面的视角。在外部环境快速变化的时代，企业需要持续调整，变中求胜，G3 这样的全面视角更显得弥足珍贵。

此外，G3 还能让你看到企业经营的本源，真正从“因”出发。也就是说，大多数企业的思考逻辑通常是先定战略目标，再看经营结果（其中很多是以财务数据的形式体现），最后再讨论组织人才。其实，经营结果都是人做出来的，人才是真正的“因”。从这个意义上讲，组织人才不应作为单独的议题讨论，而应是发展战略及业务运营的基础。G3 正是这样的研讨机制，让你把组织人才、战略运营及业绩结果有机地结合到了一起。

总之，G3 应成为当今组织人才管理系统的核心，成为领导者的好帮手。

再看看印度的塔塔通信公司（Tata Communications）。该公司 CEO 维诺德 · 库玛（Vinod Kumar）与 G3 的渊源可谓无心插柳。故事要从 2012 年的一个短期项目说起。当时，塔塔通信的主营业务是为大公司提供通信、计算及内部协同平台系统等基础服务。由于市场竞争及新技术的应用，基础服务的收费标准在 2012 年出现了大幅下滑。库玛心里很清楚，要想扭转颓势，公司必须尽快进行业务转型，推出新的更高价值的增值服务。公司当时并不具备做新业务的能力，要想实现业务转型，只能从外部招聘更为高端的专业人才，而且还得快速到位。但问题是，招募这些专业人才意味着成本上升，这在主营业务收入大幅下滑、赢利状况已然非常吃紧的形势下，的确是艰难的抉择。而且要是处理不好，财务和人力肯定会打架。

为此，库玛把时任 CHRO 阿德什 · 戈雅尔（Aadesh Goyal）和 CFO 桑杰 · 布维嘉（Sanjay Baweja）请到了一起，共同探讨如何解决这个问题。经过多次讨论，三个人终于找到了破局之道：其一，精简现有团队，例如裁撤冗余岗位，按业务量优化人员配置，这样就节省出了 7% 的人力成本；其二，定向招募发展新业务需要的技术、营销及销售人才。

经过这件事，库玛发现 CEO–CHRO–CFO 的三人讨论机制非常有效，于是决定正式组建 G3，让这个顶层的三人核心小组负责思考公司的长远发展目标，比如，如何持续优化成本结构，如何打造持续提升的企业文化。为此，在 G3 的基础上，他们还组建了跨部门的工作小组，鼓励员工报名，共同参与。后来有 500 多人以兼职的形式参与其中，大家的创意远超出三个人的想象。仅成本优化这一项，就可为公司节省 1 亿多美元。

G3 在塔塔通信公司，已从最初一个临时性的工作机制转变为 CEO 推动业务转型、组织变革的有力抓手。

G3 的成功还让库玛发现了 CHRO 身上的巨大潜力。通过与 CEO 和 CFO 的紧密合作，CHRO 的业务分析能力有了很大的提升，能很好地把组织人才和业务经营结合起来。于是，库玛决定给 CHRO 加担子，让他主管业务，全面负责向银行提供支付解决方案的创新业务。如果成功，这将会是一个新的业务增长点。

真正重视组织人才

G3 要想真正发挥作用，CEO、CFO 及 CHRO 三人之间必须坦诚相待，相互支持。艾德·布林曾领导泰科公司[①]扭亏为盈，之后加入杜邦公司担任 CEO。谈到 G3，他说："三人之间

① 泰科（Tyco）创建于 1960 年，曾是全球最大的电子电气元件制造商，20 世纪 90 年代末期达到顶峰。2002 年，该公司董事会主席兼 CEO 涉嫌私吞公款而被判入狱，公司发展严重受挫。接任 CEO 的艾德·布林带领公司大刀阔斧地改革，力挽狂澜，逐步恢复了股东信心。——译者注

必须有话直说，尤其是那些不好听的话。CHRO 和 CFO 必须有勇气告诉 CEO，与 CEO 私交甚好的某位高管其实并非该岗位的最佳人选。”Veritiv 公司[①] 在 G3 的基础上，还邀请了公司法务负责人加入。该公司董事长兼 CEO 玛丽·拉辛格（Mary Laschinger）说：“公司财务、法务及人力负责人的视角更为客观，人力资源的确跟其他职能一样重要。”

除此之外，你还必须真正重视组织人力工作，必须像重视资金那样重视人才，必须像重视财务职能那样重视人力职能，要像重视 CFO 那样重视 CHRO。对 CFO 的高度重视，源于 20 世纪 80 年代，当时严峻的竞争环境及频发的重组并购催生了“超级 CFO”的概念。从此之后，CFO 就成了企业高管班子的核心成员，受邀参与各项关键决策的制定。让 CHRO 成为 G3 的一员，也同样有划时代的意义。这是对人力资源工作重视的真正体现，是把人力资源作为重大决策关键要素的机制保障。

长期以来，很多专家学者都在呼吁，企业应当高度重视人力资源职能。如果你真的相信，归根结底为企业创造价值的

---

① Veritiv 公司是北美领先的 B2B（企业对企业）经销商之一，为包装、设备、物流、纸制品等行业提供解决方案，多年位列《财富》500 强企业名单。——译者注

是人，你就会理解为什么相较以往，人力资源工作在新时代的重要性有增无减。当今世界，外部环境快速变化，组织人才需要持续调整提升，企业才有可能立于不败，变中求胜。你需要定期思考、不断审视：公司关键岗位的人，对不对、行不行？面对市场新趋势，需要把握新机会时，派上的是不是最优秀的人？面向未来，哪些人有潜力成为接班人？哪些公司正在挖你的人，这对未来行业格局而言意味着什么？推动业务发展时，哪些人没有全力以赴？分析经营结果时，在特别优异或特别糟糕的结果背后，根本原因是什么？在多大程度上，与其直接负责人相关？

业务问题的背后，都是人的问题。因此把 CHRO 纳入核心小组，不是选择，而是必需。

怡安集团也组建了 G3。该公司 CEO 格雷格·凯斯认为："企业经营中，把人用好与把资金用好同样重要。我们三个人会在一起共同探讨，共同决策。业务发展和组织人才不是割裂的，光做好资金配置还不够，还要思考有没有合适的人。比如，关键岗位上的人对不对？人才培养的重点是什么？面对收购机会，组织中有没有合适的人去研究推动？将来完成收购后，谁来负责整合及运营？在这些重大的战略议题上，G3 的运作机制绝不是 CFO 和 CHRO 提建议，然后由 CEO 一人拍板。CEO、CHRO 和 CFO 是一个整体，都是 G3 的一分子，彼此间要真正地做到共同探讨，共同决策。”

当然要成为 G3 的一员，CHRO 必须对业务经营、企业全貌有深刻的理解。因此，越来越多的企业在选择 CHRO 时，未必会选传统人力资源业务中级别最高的，而是会更青睐那些懂业务、有一线业务管理经验的人。CHRO 绝不能把时间和精力全都花在人事行政、薪酬福利及规章制度等传统的人力资源工作上。今天的 CHRO 必须懂业务经营，懂组织人才，懂如何通过人才的调整推动公司业务的成长；而且还能真正成为 G3 的一员，与 CEO 和 CFO 一起，共同思考企业未来的发展战略及组织人才布局。上述对 CHRO 的要求，以及 CHRO 时间和精力的分配，绝非我们一厢情愿地异想天开。事实上，在我们访谈过的业界优秀的 CHRO 中，已然有人开始这么做了。他们花在传统人力资源工作上的时间和精力通常不到 30%。艾伦 · 穆拉利是福特汽车公司前任 CEO，现任谷歌公司董事。他对 CHRO 的要求可谓一语中的：“CHRO 首先必须是极好的业务领导人；如果还能更进一步，CHRO 应该是业务战略方面的高手。”

人力、财务紧密合作

正如我们在书中反复强调的那样，企业经营最重要的资源无非两项：一是资金，二是人才。要想企业蓬勃发展，两大资源都要管好。通过 G3，CEO 可以着力培养 CHRO 和 CFO，让他们相互学习、相互补位，成为领导者的左膀右臂。相比单枪匹马地干，CHRO 和 CFO 协同作战时，他们的视角会更加全面，得出的解决方案也会更加合理，能更好地确保企业的资源配置和组织人才高度契合。

最近麦格劳－希尔公司扭亏为盈，就是 CHRO 和 CFO 协同作战的经典案例，其效果的确让人惊叹不已。10 年前，该公司陷入了低谷。一方面，其麾下的标准普尔评级业务受到了监管部门的严格审查，因为大家认为评级机构也是 2008 年次贷危机的推手之一；另一方面，教育出版业务举步维艰。资本市场认为，该公司不同业务之间缺乏有机协同，公司股价从鼎盛时期的每股 70 美元跌到了每股 17 美元。

面对困境，该公司 CEO 特里·麦格劳知道，必须大刀阔斧地推进变革。于是 2010 年他招募了两位人才加入公司，他们是 CHRO 约翰·贝利斯福特和 CFO 杰克·卡拉汉。虽说他们两人都曾在百事公司任职多年，但之前并不认识，好在这并未影响他们迅速形成一个强有力的战斗团队。他们深刻理解在艰难时刻 CEO 对他们的期许，即充分利用他们的外部视角，全面审视公司的经营状况，发现创造价值的新方法，找到未来发展的新路径。用约翰的话说，这是一个“寻宝探险的历程”。

说干就干，两人加入麦格劳 – 希尔后就立即投入了工作。他们首先从成本入手。通过对标行业中的其他企业，他们发现公司结构臃肿，成本过高，亟待改造。比如，后台 IT（信息技术）支持部门就有 1400 多人，中层管理者人浮于事，有些经理只管一两名下属。贝利斯福特说：“过去公司像个大家庭，似乎一旦加入，就可以一辈子在这里干下去。这在过去也许适用，但今天还这么做，就会影响企业的竞争力，很难吸引、留住业界的顶级人才。”总之，公司在成本优化方面潜力巨大。

CFO 和 CHRO 合作紧密，沟通密切。他们平时经常一起喝咖啡，每月也会抽时间一起吃两三次晚餐。这样的沟通频率和沟通方式，让他们既可以更放松地就一些战略意义重大的关键议题畅所欲言，也可以持续探讨、逐步深入。比如，公司整体架构和业务布局，究竟是保持现状，还是把缺乏内在联系的业务分拆剥离。经过 5 个月的认真分析和深入讨论，他们认为最好的选择是把公司业务一分为二，把评级业务独立出去，将其他业务放在一起。贝利斯福特说："董事会讨论上述议题时，我们俩也负责主持，引导大家深入思考什么样的整体架构和业务布局最有利于公司的长远发展。"

现在他们俩要开始双线作战，一是要完成业务分拆，二是要持续优化成本。公司每年总成本高达20亿美元，其中一半以上是人力成本，而且透明度极低，很难进行有效分析。贝利斯福特说："比如财务部门的成本就很难统计，人员职级不统一，隶属部门也不太清晰。"卡拉汉补充道："要想分析业务实际经营状况，把成本收入按业务细分，难度极大。"为此，两人首先启动了一些基础性的工作，先从财务和人力部门入手，统一数据口径，提高数据质量。在夯实数据基础后，他们开始推动分析思考：薪酬激励是否真正与业务结果挂钩？要想提升赢利水平，哪些人需要调整？把经营结果和组织人才放在一起分析，让两人对公司存在的问题有了更为深刻的洞见。他们发现，公司利润率最低的业务中，管理层级太多，薪酬激励政策很不合理，完全超出了业务可承受的范围。找到了根本问题，解决方案也就呼之欲出了。

除了削减成本，两人还在思考如何加强组织建设，更好地支撑业务战略的落地。比如，原来公司不同业务各自为政，缺乏协同，没有形成合力。现在要推动组织转型，通过建立强大且统一的平台，促进各业务协调有机地快速成长。

麦格劳－希尔公司可谓CEO、CHRO和CFO紧密合作的经典案例。G3可以有效地帮助CEO，领导企业在困境中寻求突破。要想确保G3的有效性，CEO必须真的像重视CFO那样重视CHRO，必须营造开诚布公、直面问题的沟通氛围，必须通过定期开会及日常沟通等多种方式保持沟通频率。当G3机制已经形成，CHRO和CFO逐渐进入角色后，他们就不会介意别人对他们各自负责的领域（人力及财务）发表意见，而且他们也敢于对CEO直言不讳。比如在麦格劳－希尔公司，CHRO和CFO就曾在是否出售公司旗下教育业务及杰迪保尔商务咨询业务这样战略意义重大、情感因素交织的关键决策上，与CEO据理力争。贝利斯福特说，通常在公司是否该出售某个重要业务的问题上，人力部门的负责人都不敢插话。他自己之所以敢在这些传统人力资源的禁地参与探讨、主动提问、大胆谏言，原因之一就是“自己与CFO的紧密合作”。卡拉汉补充说：“如果财务和人力部门的负责人缺乏沟通、各自为政，他们就无法为公司创造新的价值。”

人力与财务紧密合作，成效如何呢？下面的几个数据就是最好的明证。贝利斯福特和卡拉汉加入麦格劳－希尔时，公司总收入为62亿美元，分拆剥离后仅为32亿美元。5年之后，公司收入增长了近60%，达到51亿美元。起初，公司市值跌到了90亿美元，现在公司市值增至原来的4倍多，接近400亿美元。这样的紧密合作机制，在特里·麦格劳于2013年退休，道格·彼得森接任CEO后，继续发扬光大。

识别培养2%的关键人才

推动人才管理变革，组建G3是领导者的重要抓手。但光有G3的顶层推动还不够，还要赢得组织中关键人才的支持。

偌大的企业这么多人，究竟哪些算关键人才呢？在我们看来，人才管理可以遵循2%法则，即组织无论多大，其中极少部分（比如2%）的关键人物会对组织整体效能产生巨大影响。这里的2%并非绝对，是个概数。其核心思想在于，组织中极少部分的关键人才会对组织整体产生巨大影响。有时这个比例可能是2%，有时可能是5%，在有些过万人的大型企业中，也许只有0.5%~1%，甚至更少。通常不论企业多大，这样的关键人才也不会超过200个，在绝大多数企业中大约会在几十人的数量级。

正是因为他们为数不多但影响巨大，所以G3的首要任务就是抓住关键人才，识人、用人、培养人。识人就是，要能精准识别，把他们从组织的茫茫人海中找出来；用人就是，要把他们放到合适的岗位上，让他们创造巨大价值，推动企业加速成长；培养人就是，你要亲自关注他们，对他们的能力及发展需求了如指掌，为他们创造个性化的职业发展机会，帮助他们持续提升、快速成长。

当然，我们不是说组织中其他人不重要，不需要培养提升，而是本书会聚焦在那些为数不多但影响巨大的关键人才上。原因有三：第一，泛泛地讲如何培养、激励员工的书，市面上已经有很多。第二，本书的初衷是帮助企业领导者在当今时代推动组织人才管理变革。要想完成这一重大转型，靠领导者一个人，或者靠三人小组，还不够。如果能赢得关键人才的理解支持及投入，成功的概率会大幅提升。泰科公司的艾德·布林、IBM著名前掌门人郭士纳、苹果公司的乔布斯，都是这方面的高手。在公司陷入困境时，他们抓住了组织中的关键人物，不仅找得准，还用得好、育得精，最终带领公司扭转颓势，开启了新篇章。第三，也是最重要的一条，我们认为公司的未来方向及发展战略无论做得多好，最终结果都是人做出来的，是建立在组织人才基础之上的。如何找到、用好、培养好这些关键人才，关乎组织未来命运，意义重大。

说到这里，一个问题呼之欲出：究竟谁算关键人才呢？

这个问题不简单，因为关键人才绝不是论资排辈，按级别高低算的。关键人才也许级别没那么高，但他们发挥的作用非常关键，他们身上的潜力非常可观，比如核心设计师、技术专家、销售大牛、善于影响他人形成共识的人、善于推动跨部门沟通协同的人、假以时日有可能成长为下一代核心班子成员的人。比如，乔纳森·伊夫就是苹果公司产品设计的灵魂人物，心血管专家史蒂芬·尼桑就是克利夫兰医疗集团彰显专业实力的金字招牌。又比如，UPS 公司负责路线优化软件的技术大神，他们会根据实时路况指导送货司机调整路线，比如躲开拥堵路段，少等几个红灯。这样的路线优化哪怕再提高一丁点儿，放在 UPS 的体量上，每年都能节省数百万小时的人工和上亿美元的燃油成本。再比如，医院里重要科室的头牌医生当然是关键人才；但与此同时，那些级别低三级，负责与政府社保及商业保险谈判的人也至关重要。他们负责谈判的折扣条款稍有改善，就会对医院整体赢利状况产生重大的影响。

准确识别关键人才绝非易事。麦肯锡的一项研究表明，70%左右的高管在这个方面都有闪失。有些关键人才可能相当不起眼，但他们在组织中起到了疏通润滑的作用，确保了信息交流的通畅、工作目标的达成。他们中有些是组织里的老人，新人会向他们讨教如何推动跨部门项目的顺利推进；还有些是专注于某个领域的专家，比如数据分析、系统架构方面的顶级专家；还有些是极富领导魅力，能够为大家创造良好工作环境的人。在推动变革时，他们可以成为你的好帮手，帮你沟通传达，帮你激发组织，帮你落地执行。麦肯锡在服务某医药企业时发现，当CEO决定启动变革、开始宣传时，需要4.5步正式的组织流程才能触达每位员工，而由关键人才构成的非正式流程只需2.3步。这说明，充分借助关键人才，至少能让组织行动更加迅速。

从上面这些例子中，你会发现准确识别关键人才，找到为公司真正创造价值的人，还真不容易。要想准确识别关键人才，必须知道去哪里找。有个方法推荐给你，即在G3研讨时，要重点关注企业运营中的重要决策节点，并深入挖掘这些重要决策是在组织的哪个层面做的，是由哪些人做的，其中谁发挥了关键作用，即他的判断可能会对经营结果产生重大的影响。要注意，发挥关键作用的人未必是级别最高的。这些决策质量如何，是否在创造价值？

几年前，黑石集团的前运营合伙人桑迪·奥格曾帮助该基金投资的一家企业做了关键人才的梳理。黑石对这家被投企业寄予了厚望，希望在投资期内其 EBITDA（息税折旧及摊销前利润）可以从 6 亿美元增长为 10 亿美元，估值水平可以从 8 倍 EBITDA 提升至 10 倍。这家被投企业有 12000 名员工，其中哪些是达成增长目标的关键人才呢？经过系统梳理，奥格最终锁定了 37 个关键岗位，其中一个岗位凭借一己之力，就能对 EBITDA 贡献 6000 万美元。如果按 10 倍估值算，这个岗位能对公司整体价值产生 6 亿美元的影响。一旦锁定了关键岗位，下一步工作就要跟该公司的 CEO 一起，确保在这些岗位的关键人才都是精兵强将，都能使命必达。说到底，经营业绩都是人做出来的。黑石基金要想投资成功，还得追根溯源，在人的问题上下功夫。事实证明，这样下功夫是非常值得的，投资回报率相当可观。毋庸置疑，这是一个聚焦关键人才、创造巨大价值的绝佳案例。

那么一次找到关键人才，是否就能一劳永逸了呢？其实不然。对于关键人才，必须定期审视，确保他们能与时俱进，持续提升成长。强生公司对此就非常重视。该公司 CHRO 彼得·法索罗会定期分析公司级的 50 位关键人才，思考他们名列其中究竟是因为位高权重，还是真的能带领公司开创未来。他说："现在需要为未来做准备，我们需要着力培养那些能在新的数字时代带领公司持续向前的人。"

正是因为着眼未来，他还会持续思考公司需要建立哪些新的核心能力。这些新的能力，哪些应当内部培养，哪些需要外部招募？梳理内部关键人才，能让你很快发现公司在必要核心能力上的短板，这样招聘工作就能更加有的放矢。从这个意义上说，对于关键人才的梳理不应仅限于组织内部，还需要扩展视野，放眼外部。在组织人才方面做得非常好的公司，都会定期跟进外部人才的整体状况，甚至跳出特定的行业领域跨界搜寻。如果你也这么做，也许你会在外部人才中找到企业未来的关键人物。

充分借助智能技术

今天，推动人才管理变革的第三个抓手就是智能技术。它是这个崭新时代的新武器，10 年前还没有这个福利。今天的组织人才管理必须充分借助智能技术，将人才管理建立在基于数据的数字化系统之上，这样你对组织人才的了解与洞察才会远超以往。

相比其他领域，人力资源对智能技术的应用水平还是相对滞后的，好在现在终于开始迎头赶上。2015 年美国风险投资行业投了 383 个与人力资源相关的软件项目，投资总额高达 24 亿美元，比 2014 年增长了 62%，是 2011 年的 8 倍。最近的一项调查显示，仅有 8% 的人力资源部门对其所用的员工分析软件表示满意。在另一项调查中，75% 的人力资源部门都表示，人力资源管理软件升级是其重点工作之一。

由此可见，在供需两旺的情况下，智能化的人力资源管理工具会在未来几年里实现大幅提升。其实仅就目前的水平而言，人力资源管理工具已经可以发挥以前想象不到的作用。20 世纪 80 年代出现的自动化数据分析工具和企业财务管理系统，在很大程度上促成了超级 CFO 的横空出世。今天的智能技术会让负责组织人力工作的 CHRO 发挥更大的作用。很多企业已经开始大量使用智能技术，助力人才识别、招聘、入职、培训、保留、绩效考核、薪酬激励等各个领域。智能化的数据及分析将成为组织人才相关决策的标配。

下面这些真实案例，或许能让你对智能技术的威力建立起感性认识。

人才招聘：在这方面已涌现出一批创业公司，比如 Gild、Greenhouse、Entelo 和 Jobvite。在征得当事人同意的前提下，他们通过人工智能等数字技术，根据简历信息、社交媒体信息及其他公开信息，分析应聘者的性格特点及技能专长，发掘更适合他们的工作岗位。而且基于数据的分析研究，还能有效避免人工筛选中常见的偏见问题。

人才保留：通过分析海量数据，智能技术还能帮你预测现有员工中谁可能离职，并推断其离职的原因。这样的洞见非常有价值，可以帮你防患于未然。比如，对于那些渴望进取的关键人才，应当主动让其担当大任，否则他们就会另谋高就，寻找更大的舞台。此外，这样的分析还能帮你找到造成员工离职的主要原因，也许小小的改变就能带来很大的不同。比如，谷歌就发现在所有员工中，新手妈妈的离职比例非常高。于是公司把带薪产假从 3 个月延长到了 5 个月，仅这一项举措就让新手妈妈的离职率下降了一半。

识别高潜：还有的智能技术能帮你识别高潜，提醒你应当着力培养他们，为他们创造更多的职业发展机会。比如，VoloMetrix 就是专注于此的创业公司，2015 年被微软收购。他们开发的智能工具能系统地分析员工与经理一对一的互动、会议时间、邮件往来以及绩效评估等数据信息。有些智能工具还能结合外部信息进行分析，比如职场社交平台领英上的个人描述，有的甚至还能从邮件处理的习惯中收获洞察。

绩效管理：每年一度的绩效考核及绩效评估，在很多企业几乎成了雷打不动的传统。有了移动端数字化工具，指导反馈就可以实时完成，不必等到年底。正如通用电气公司高管莱昂纳多·巴达萨尔和布莱恩·费恩肯于 2015 年在《哈佛商业评论》上发表的一篇文章中所述："员工培养应该是着眼未来的，应该是持续性的；经理应该做的是指导帮助，而不是批评指责；反馈意见不应只限于领导，其实谁都可以发表意见，都可以帮助别人成长。关键在于，个人成长责任共担，组织和员工需要有持续的对话。"为此，该公司专门开发了手机应用程序。通过该程序，每个员工都可以在自己的手机上，用任何形式（如语音、文字或手写），在任何时候，对任何人提出反馈、建议或指导。在试点过程中，该公司发现应用这一工具的项目组，在过去 12 个月里工作效率提高了 5 倍，于是决定，在全公司推广这一工具。

团队协同：对人才高度重视的企业通常都会鼓励员工学习，帮助员工成长，倡导团队协同。在这方面，智能技术也大有可为。比如，Harry’s 是一家总部位于纽约曼哈顿的创业公司，他们通过热敏摄像头观测员工在办公室的行动轨迹，发现办公室里有些地方是那些协同效果最好、绩效最佳的团队特别爱去的，有些地方其实很少有人去，使用效率很低。根据这个发现，Harry’s 果断启动了办公室改造工作。再比如，欧洲一家大型零售银行聘请了一家总部位于美国波士顿的创业公司 Humanyze，来分析研究决定网点业绩差异的关键因素是什么。该公司进场后走访了几个网点，并给部分业务经理戴上了配有麦克风和加速器的高科技蓝牙胸牌。结果非常有意思，他们发现员工之间聊天互动比较多的网点，通常员工关系比较好，而且在激励政策上更多采用的是团队激励。团队激励让大家更愿意相互交流，从而推动了业绩的提升。员工之间聊天互动最多的网点，人均收入也最高。基于这样的数据分析，该银行决定将团队激励政策在其他网点铺开。Humanyze 公司 CEO 本 · 韦伯说：“在试点过程中，有的网点销售增长了 11%；如果能够在所有网点铺开，每年新增收入将高达数亿美元。”再比如，谷歌发现绩效最高的团队有两个特点：一是给每位成员发言的机会，二是几乎每位成员的情商都比较高。这样的团队环境能给大家带来安全感，让大家更加敢于坦诚表达。于是该公司把这一发现用到了今后新项目的团队组建上。

上面的例子是智能技术赋能组织人力管理的一些具体应用。有些公司正在全面应用智能技术，搭建数字化的人才管理平台。平台建设一旦完成，基于数据收集的原则和方法，公司就能系统性地了解每一位员工。有了数据基础，很多智能工具就有了用武之地。当然这样的平台建设的确费时费力，且投资巨大，但在原有系统的基础上打补丁其实也不便宜，甚至事倍功半。光是数据格式不统一、数据定义不一致的问题，就够你忙活很长一阵儿了。有位 CHRO 对我们说，他就职的公司曾经试图对历史数据进行清理。历时 9 个月之后，大家还是决定叫停。与其修修补补，还不如另起炉灶。新平台从一开始就严格要求数据的一致性和准确性，它从打通员工薪酬和员工信息开始。为什么选薪酬呢？因为大家都关心薪酬，都有动力确保薪酬数据不出错。

詹·西格泰蒙是 ADP 公司的集团副总裁兼 CFO，在负责财务部门之前，还担任过首席战略官负责战略规划。他认为财务和人力的数据必须打通，否则会影响决策质量。他说："此前如果有人问某某业务部门究竟有多少人，我们是答不上来的，因为看不到数据。而且我们在做业务战略、财务规划时，也没有制定相应的组织人才规划。从这个意义上说，财务和人力是脱节的。"现在财务和人力系统已经打通，大家终于可以在同一平台上统一规划了。

沙克蒂·乔哈尔是百事可乐公司的高级副总裁，负责人力及共享服务，他也遇到了数字化过程中历史数据的质量问题。当时，公司执行副总裁兼 CHRO 辛西娅·特鲁戴尔请他负责搭建新的平台系统，推动人力管理的数字化。他与 IT 部门合作，抽调了技术及人力方面的业务专家，组建了项目组。项目最初的目标是将公司内部与人力资源相关的所有系统整合起来，都搬上云平台，让大家可以随时看到公司每位员工的情况，并根据授权范围及隐私保护要求，调取人力资源相关的信息。说起来容易，做起来难。百事公司在全球有 26 万多名员工，各地有各地的系统，先不说数据口径不统一的问题，有的地方连基础数据都没有。他说："大家很快就发现，与其清理历史数据，还不如重新开始，在新的平台上做数据采集。"

自助输入工作始于美国，一线员工及各级领导通过一个界面友好的在线工具，将自己的相关信息输入系统，比如岗位、职级、薪酬等级、工作经历等。乔哈尔说："大家对此非常理解，也很支持，毕竟可靠的数据基础是数字化转型的第一步，现在的一点努力能让大家今后的工作更加高效。"百事公司是这方面的先行者，他们从 2010 年就开始推动人力资源平台的数字化，现在已经实现了当初的目标，全球使用统一平台，所有员工数据全部在线。

平台建设和数据基础的确非常不容易，可能需要几年的努力，但这些努力是值得的。在系统平台及数据基础上，可以开发更多的智能应用，比如各种分析工具、手机应用程序、人工智能及流程自动化等。各级领导可以从多个角度分析数据，思考内部人才流动、人才流失管理、后备培养规划、工作效率提高等重要问题。乔哈尔说："我们的目标就是把平台系统建好，夯实数据基础，让大家可以简单快速地获取数据、分析数据，洞见数据背后的深意。"

对百事公司来说，帮助人力资源部门完成数字化改造的确是不小的投资，这是对公司未来发展的长期投资。乔哈尔说："放眼未来，借助智能技术，人力资源部门将会变得更为高效，将能真正成为公司业务的好伙伴，支撑业务的快速发展。"

****

本章小结

推动人才管理变革，真正把人才放在第一位，绝非易事。启动之前，必须先做好准备。工欲善其事，必先利其器。你可以通过三大抓手来推动人才管理变革：一是组建G3；二是识别、培养关键人才（2%法则）；三是充分借助智能技术。

准备工作的第一步，也是最重要的一步，就是组建由CEO、CHRO和CFO组成的三人核心小组。要让G3真正发挥作用，CFO和CHRO必须是各自领域的专家，必须懂业务，同时还得有意愿与能力学习了解对方的领域。这两个人在确保企业经营的两大资源（人才和资金）以及高度协同方面举足轻重。G3的成败，最终还是取决于CEO，取决于CEO是否能在G3层面营造坦诚沟通、直言不讳的团队氛围。对此，CEO需要持续不断地鼓励、要求团队成员并以身作则。CEO还要把G3当作正式的组织机制，定期开会，在有意义、可执行的组织人才重点议题上聚焦。CEO还要鼓励CFO和CHRO紧密合作，授权他们领导推动公司级别的重点议题，这样你才能把G3打造成推动人才管理变革的利器，达到信达公司及麦格劳－希尔公司的境界。

关于识别、培养关键人才，G3 的首要工作就是抓住关键人才，做好识人、用人、培养人。所谓关键人才，就是我们说的那些为数不多，但对组织整体影响巨大的人。如何超越级别、资历，洞见业务本质逻辑，精准识别组织中真正有创造力的人，是对 G3 的一大考验。G3 应当保持开放的心态，深入业务运营，广泛接触了解各级人才，也许会在意想不到的岗位上，发现有人正在为企业创造着超乎想象的价值。这项工作是 G3 共同的任务，不能简单地丢给 CHRO，让他自己搞定。在识别关键人才时，最重要的判断指标之一是此人究竟为组织创造了多少价值，对此 CFO 了解的财务信息是很好的佐证。有的人也许很善于表面功夫，拉出业绩一对照，就会发现那些只不过是纸上谈兵。

关于充分借助智能技术，也是说起来容易做起来难。对此你要确保公司技术部门的负责人，首席信息官也好，首席数字官也好，对业务经营、组织人才要有深刻的理解，能够充分发挥智能技术的优势，帮助推动人才管理变革。5~10 年前，智能技术在人力资源领域的应用还比较滞后，好在现在终于迎头赶上了。今日，数字化技术将成为企业组织人才管理的标配。

把这三件事做好，你就算做好准备了，可以考虑启动人才管理变革了。下一章，我们将重点讨论如何赢得董事会的支持，让他们成为你推动变革的好帮手。

第二章

拉拢董事会，为变革出谋划策

董事会对人才的关注程度，应当和对战略及风险的关注程度一样，应当用一套新的 TSR——组织人才、发展战略和重大风险——来指导自己的工作。只有建立了这样的认知基础，才能真正实现董事会的理念转变，才能让董事会成为领导者推动人才管理变革的好帮手。

本章重点在于如何赢得董事会的支持，让他们成为领导者管理人才变革的好帮手。人才管理变革要想成功，必须自上而下地推动，因此达成顶层共识至关重要。作为领导者，你必须确保董事会对此有深刻的理解及全然的支持。正如 G3 是管理层顶层共识的体现，领导者也必须确保董事会和管理层能够达成一致。

在很多企业里，董事会很少花时间讨论组织人才议题。董事会开会时间本来就十分有限，很多既定议题已经把会议日程挤得满满当当的了，比如审议经营业绩、网络安全、财务报告、股东权益、政府规管以及薪酬激励。还有些例行公事也多多少少占了些时间。关于组织人才，基本仅限于对 CEO 接班人的讨论。

现状的确如此。但若领导者真想推动人才管理变革，把人才放在第一位，就必须改变现状。否则，大家从董事会的要求、反馈及讨论中，自然会看出端倪。大家会意识到董事会其实游离于变革之外，会猜想也许董事会没那么支持变革，这样的状态肯定会影响变革的推进及最终成效。

因此，你对董事会不能放任自流，要引导他们认识到，经营业绩是“果”，组织人才是“因”，尤其是那些为企业真正创造价值的人。如果认同这个根本理念，那么让董事会花时间和精力讨论组织人才问题就顺理成章了。改变董事会的理念，肯定不是轻而易举、一蹴而就的事，需要你肯花时间，需要你坚持不懈。其实董事会也想为管理层、为股东创造价值，从 TSR 最大化的角度思考，因此会把关注的焦点放在战略及风险的议题上。战略及风险只是外在的表象，内在的真相是人，因为制定战略的是人，执行战略的也是人；预判风险、规避风险的是人，铤而走险的还是人。所以，董事会对人才的关注应当提升到与对战略及风险的关注同样的高度，应当用一套新的 TSR——组织人才（Talent）、发展战略（Strategy）和重大风险（Risk）——来指导自己的工作。只有建立了这样的认知基础，才能真正实现董事会的理念转变，才能让董事会成为领导者推动人才管理变革的好帮手。

董事会其实能提供很多帮助，比如招聘、激励及保留关键人才，定期审视组织关键岗位上的人是否还能胜任。董事会的加持会增强企业员工及资本市场对管理变革的信心，能帮你有更大的勇气和底气突破既往，锐意创新。

很多董事在人才方面似乎没有太多的经验。麦肯锡的一项企业董事调查显示，大多数董事都认为自己在战略思考方面能力很强，但只有 5% 的董事认为他们在组织人才、企业文化方面也有同样的造诣。好在董事会已经开始意识到，时代不同了，自己也需要与时俱进，组织人才应当成为和战略规划同样重要的议题。个体的能量是巨大的，一个人既可能为企业创造巨大的价值，也可能对企业造成巨大的损害。康纳·基欧是麦肯锡董事会咨询业务的领导人，多年的经验让他能更敏锐地洞察董事会的改变："过去董事会一直认为，人才是管理层的事，所以基本上没怎么关注。但现在董事们开始重视了，尤其是对企业文化。因为他们担心会产生那些造成全球金融危机的不当行为，希望在自己担任董事的公司里予以杜绝。这对公司声誉、对董事会声誉而言，都很重要。"

领导者必须引导董事会，让他们看到具体怎么做，才是帮助领导者推动人才管理变革的最佳方式。一方面，领导者可以参考业界的最佳实践，比如谷歌这类企业；另一方面，我们也为领导者制定了赢得董事会的四步法。

第一步：刷新认知

为什么要刷新董事会对 CHRO 的认知呢？因为有些董事及董事会对人力部门负责人的认知，还存在某些偏见。2016 年我们有幸采访了兰迪·麦克唐纳，几个月后他就与世长辞了。他曾担任 IBM 公司及 GTE 公司[①]的 CHRO，还出任过德尔福公司[②]和时代集团的董事。他对我们说："董事会对人力部门负责人通常会更为挑剔，会不自觉地质疑人力工作能为企业创造什么价值。所以面对董事会，CHRO 要做的第一件事就是证明自己，让董事会看到自己在专业领域之外的能力与洞见。"在很多公司，人力部门负责人还不算核心管理团队成员，很多重大决策也都没有他们的参与，参加董事会的机会也很有限。

面对这样的情况，CEO 必须挺身而出，重新定位 CHRO，让董事会认识到 CHRO 是 CEO 的左膀右臂，是管理层的核心

---

① GTE 公司（General Telephone & Electronics Corporation），曾经的美国电话服务巨头，于 1926 年创立，2000 年被贝尔大西洋公司收购，重组后改名，即今天的电信巨头威瑞森（Verizon）。——译者注

② 德尔福公司（Delphi）原为通用汽车公司的零部件子公司，德尔福总部位于美国密歇根州特洛伊。——译者注

成员。因为真正为企业创造价值的是人，在讨论战略、制定目标、配置资源时，必须同时思考组织人才问题。你需要向董事会说明成立 G3 的初衷，以及为什么 CHRO 和 CFO 同样重要。在这个方面，CEO 要有担当。劳丽·西格尔曾经担任过泰科公司的 CHRO，现担任 CenturyLink 公司、FactSet 公司以及 Volt Information Sciences 公司的董事。她说："其实邀请哪位高管参加董事会，CEO 完全可以说了算。在董事会讨论的过程中，CEO 会请 CFO 及法务负责人发表意见，但很少为 CHRO 创造同样的机会。我担任董事后，会经常主动问 CHRO 还有什么意见。如果听完，董事会的反应是'为什么要让人力资源的人参加董事会？'这就说明，公司需要找新的 CHRO 了。"想征服董事会，赢得董事们的尊敬，哪有那么容易？这就从另一个角度说明，你对 CHRO 人选的高标准、严要求是十分必要的。

第二步：争取支持

作为领导者，要推动人才管理变革，必须争取董事会的大力支持，让他们成为你的同盟。具体怎么做呢？我们建议，可以先从薪酬及提名委员会入手，将其更名为组织人才委员会。

此举既有象征意义，又有实际作用，可谓一举两得。

既然说企业经营最重要的两大资源是资金和人才，那么董事会就应当对这两大资源的使用进行审核。企业资金的来源及使用，通常会由董事会下设的审计委员会审核；同理，董事会也应当审核企业人才方面的整体工作情况。既然需要审核人才方面的整体工作情况，薪酬及提名委员会这个名字就会显得有些狭窄，不能全面概括董事会在人才方面应承担的工作职责，不如改名为组织人才及薪酬激励委员会，或直接改为组织人才委员会。我们的研究表明，不少在人才管理变革方面发展迅速的企业，已经开始对董事会做出相应的调整了。

董事会下设委员会的更名有着巨大的象征意义。薪酬及提名委员会通常只负责企业高管的提名、任用及薪酬激励，其中包括 CEO。如果哪天见诸报端，也是因为董事会在 CEO 薪酬方面不够审慎，比如公司业绩不尽如人意，但 CEO 却拿着天价薪酬。组织人才委员会就不一样了。除了 CEO、高管，还会关心人数更多的关键人才，而且这些人的薪酬都与经营业绩紧密挂钩。

除了象征意义，更名还有更为重要的实际意义。通用电气公司董事会下设的组织人才发展及薪酬委员会（以下简称

MDCC）就是最好的实例。很多董事会的薪酬及提名委员会，首要关心的就是薪酬，因此一开会就会从薪酬谈起。MDCC 则不同，开会总是从人才发展讲起。通过这样的讨论，董事会就会看到每位关键人才的具体情况，从而有机会深入了解他们每个人的优势及短板。苏珊·彼得斯是通用电气公司的 CHRO。她会带领人力团队，就关键人才的整体及个体情况向董事会详细汇报。有了信息基础，董事会就能有效讨论，比如这些关键人才的激励是否到位？谁在培养人、带团队方面表现更为出色？如果其中有人离职，具体原因是什么？此人的离职，究竟是纯粹的个人决定，还是背后隐藏着某种趋势？此外，MDCC 还会特别关注公司排名前 25 的高管。与这个群体相关的晋升发展、平行调动、大幅涨薪及离职解聘，外部招聘这个层级的高管或内部提拔到这个层级，都需要向董事会汇报。彼得斯说："董事们会与我们坦诚沟通，深入探讨。他们会问我们有没有考虑过某些情况。有时他们会旗帜鲜明地支持我们的建议，有时也会直言不讳地表达不同观点。他们还会帮助我们从更高的视角，思考某人与业务及团队的匹配度，审视某个提拔或转岗的决策是不是有点操之过急。"

这样深入的关键性指导，已然超过了很多公司董事会，但通用电气公司的董事会对自己提出了更高的要求，即董事会成员应当每年两次深入公司，了解不同的业务及其领导团队。该公司的董事们会分成几个小组，分头行动。比如，有的会去美国的休斯敦，因为那里是油气业务总部；有的会去美国的俄亥俄州，因为那里有负责发动机业务的工厂；有的会去瑞典，因为有个医疗业务部门在那里。通常的访问行程是，董事们刚到的那天晚上，会与当地相关业务负责人一起吃饭，边吃边聊；第二天会与业务领导团队一起研讨业务情况。这样深入一线的访问交流，能让董事们与关键人才直接接触，让他们对人、对业务形成更为深刻的认知，对公司人才梯队的整体状况也能有更为直观的感受。这样在日后讨论相关组织人才议题时，董事会的决策质量会更有保障。

相比具体的战略建议及决策，董事会在人才方面的投入带来的具体产出似乎很难量化。其实我们认为，这项工作更为重要。《麦肯锡季刊》曾采访过大卫·贝蒂（一位加拿大籍的资深高管），在其 50 年的职业生涯中，他出任过 35 家公司的董事。谈到通用电气公司的董事会，他说："通用电气是优秀人才的'西点军校'。该公司董事会对人才工作非常重视，在人才培养及梯队建设方面投入了大量的时间和精力。相比具体的战略建议，比如大力发展发动机业务、继续深耕中国市场，董事会在人才方面的工作更具价值，对企业未来的长远发展更为重要。”

人才决定着企业的未来。尤其在当今时代，好的董事会必须高度重视人才工作。这需要董事会转换思路，对此很多董事是欢迎的，但也有些董事还遵循着过去的思维方式。推动变革绝非易事，你需要顶层共识，需要董事会的大力支持，需要董事们的重视投入。从这个意义上说，企业家必须认真思考：董事会的人对不对，他们能不能与你达成共识，能不能帮你推动人才管理变革。

第三步：人才转向

帮助董事会刷新对 CHRO 的认知，邀请 CHRO 参与董事会重要议题的研讨，将董事会下设的薪酬及提名委员会更名为组织人才委员会，都是意义重大的举措，都能让董事会直接感受到人才为王的时代要求。既然如此，董事会是不是应当重新制定自己的工作重点，将组织人才议题提上日程呢？

我们认为，今后每次董事会开会，都要讨论审议以下三个议题：CEO 接班人培养、关键人才和员工多样性。只有把这些人才的关键议题纳入每次董事会的会议议程，才是真正的重视，才能保证董事会对企业的人才情况有所了解。任何战略的制定及达成，都离不开两大资源的支撑。董事会在做战略决策时，也必须充分考虑资金和人才。由此可见，董事会对组织人才相关议题的持续关注和定期研讨，的确非常必要。

CEO 接班人

领导者对企业命运的重要意义，可谓不言自明。但令人意想不到的是，2/3 的企业没有正式的接班人计划。这实在是辜负了股东的信任，尽不到企业应尽的责任。这是 2014 年全美公司董事联合会的调查发现。更令人担忧的是，光辉国际 2015 年的研究发现，对于那些有正式接班人计划的企业，高管满意的仅占 1/3。

正如前文所述，把人才放在第一位的变革，要把对人才的重视落在实处，必须自上而下推动。CEO 接班人安排应该是 CEO 的头等大事之一。如果 CEO 和董事会连 CEO 接班人安排都还没想过，那也许表明他们对组织人才未必真的那么重视。2004 年之前，乔布斯对此也没太关注。他是在得知自己罹患癌症之后，才开始认真对待这个问题的。那年夏天他回公司上班后，坚持要求董事会正式启动接班人安排工作。在这之后，苹果公司的每次董事会都会把 CEO 接班人安排作为重点议题讨论，直到乔布斯去世。其实在此好几年前，了解内情的人就知道蒂姆·库克会接替乔布斯，领导苹果继续向前。事实证明，这个交接完成得非常顺利，苹果公司也一度成为全球市值最高的上市公司。

关于 CEO 接班人的选择，CHRO 应当梳理内部候选人，并定期向董事会汇报他们的情况。这是 CHRO 的职责所在，不应等到 CEO 宣布退休或离职之时再启动。CHRO 应与 CEO 一起，共同制定企业对理想 CEO 的具体要求，其中应特别关注那些领导企业未来发展所必备的特质和能力。一定要放眼未来，不能仅看现在。此外，CHRO 还要确保董事会能与相关候选人有充分的接触。这样等到关键决策时，董事会才能做出最好的判断和选择。

在 CEO 接班人的问题上，高段位的 CHRO 能制定正确的流程，避免董事会犯低级错误。最常见的错误是，董事会基于初期的印象及初步的信息，过早地确定候选人。正确的方式是引导董事会聚焦那些决定未来成败的关键岗位要求，综合考虑每位候选人的性格、能力、举止、直觉等方方面面。此外，CHRO 还要有主见。第一章曾提到过，黑石集团的前运营合伙人桑迪·奥格的工作职责之一是监督管理黑石旗下 80 多家投资企业的 CEO。对此他认为：“CEO 接班人对企业未来至关重要，因此选择时千万急不得，必须慎之又慎。不能见到一位候选人，面试一次就草率地决定‘这人不错，咱们就定他吧’。既然这个决定如此重要，大家不妨扪心自问，是否能仅凭‘人不错’就把企业交给他。”

丹·费伦曾担任葛兰素史克公司的 CHRO，10 年前曾与董事会一起经历了寻找 CEO 接班人的过程。当时，前任 CEO 让－皮埃尔·加尼埃已决定退休。在着手遴选候选人之前，费伦与董事会进行了几轮深入研讨，首先确定了对继任 CEO 的具体要求——2+2+2，即理想的候选人应当至少管过两个业务、担任过两个职能，并在两个以上的国家或地区工作过。2008 年，安伟杰爵士接替加尼埃，成为葛兰素史克公司新任 CEO。他既管过销售，也管过营销；既负责过呼吸类疾病业务，也负责过艾滋病、感染性疾病业务；不仅有在美国的工作经历，还在新加坡和南非工作过。

回看这个过程，费伦说：“作为 CHRO，你必须引导董事会严谨深入地分析考察各位 CEO 接班人。我们要为像 CEO 这样的关键岗位找到更强、更高量级的领导人，带领公司在未来取得更大的发展。”

关键人才

从葛兰素史克公司的案例中我们可以看到，要想安排好 CEO 接班人工作，CHRO 应当与董事会一起深入了解、严谨考察每位候选人。因此要想在关键时刻不被打个措手不及，有好的内部接班人涌现出来，董事会就应当在平常的工作中高度重视关键人才，每次董事会都需要认真研讨：谁是公司的关键人才？他们有没有得到应有的历练与培养？

有的董事会主动性不够，没有明确提出希望了解关键人才的哪些具体情况；有的董事会则把时间、精力都放到了高管的薪酬机制及薪酬水平上，对关键人才议题缺乏关注。南希·里尔登曾在金宝公司和沃纳科公司担任首席人才官，目前担任大型零售企业 Big Lots 公司和 Kids II 公司的董事。她说，这些情况更加说明，董事会特别需要一位强有力的 CHRO 的帮助与引导，帮他们聚焦关键人才，帮他们提升高度、放大格局。

有的董事会对关键人才了解得还不够细致、不够全面。比尔·沙宁格尔是麦肯锡公司人力资源咨询业务的负责人。他说："比如，有的董事会在 CEO 接班人选择方面，主要做的都是些程序性工作，没有系统性地深入了解公司前 25 位关键人才各自的具体情况。"这时，就需要 CEO 和 CHRO 共同努力，帮助董事会建立这样的认知，让他们对公司关键人才的整体情况及每个人的个体情况有全面的了解。

与过去的惯常做法相比，这么做意味着在组织人才方面需要给董事会提供更多信息。对此，CEO 会不会心存顾虑，不知董事会将做何反应？他们会不会觉得信息太多，没必要？其实，董事会对此需求强烈。正如麦肯锡调研所示，董事会认为在人才问题上，他们获得的信息太少，从而无法进行有效研讨。比如董事会很希望了解：企业文化及价值观是什么？在不同职能部门上的人才厚度如何？在招聘某些特殊人才方面，我们与对手相比有何优势？劣势又在哪儿？如果董事会真正重视人才工作，就会愿意就上述问题进行深入研讨。里尔登说："这样的讨论会让大家思考，公司整体的员工敬业度如何？流失率如何？在招聘市场上，人才怎么看公司，是趋之若鹜还是避之唯恐不及？"不妨换个角度想，如果公司发生严重的生产事故，是不是需要向董事会详细汇报？既然对于一个突发性的生产事故，董事会都需要深入了解，那么对于企业基业长青至关重要的人才问题，董事会怎么会不愿意深入了解呢？

CHRO 至少每半年需要把关键人才的情况向董事会汇报一次，董事会需要确保企业的人才水平在持续提升。麦肯锡的沙宁格尔说："企业成败，关键在人。这些关键人才在很大程度上决定了企业的经营结果。如果这些人不对，能力不行，无论董事会和 CEO 多厉害，企业的经营业绩都不可能好。打个比方，无论编辑多牛，如果作者很差，最后呈现出的作品怎么会好呢？"因此董事会不应只讨论 CEO 接班人问题，还需要深入了解公司里为数不多但影响巨大的关键人才。依据不同的企业规模及业务模式，关键人才的数量通常会在 25~100 之间。

海因·科纳邦是荷兰跨国金融巨头 ING 集团的 CHRO。每两个月，他会就组织人才议题与董事会讨论一次。他会引导董事会重点关注目前的关键领导能否发展团队、培养人才，有没有新的优秀领导人才涌现出来，他们对智能技术是否了解，是否能在未来带领企业持续发展。

在 2016 年初的一次讨论中，他提到了一个棘手的问题亟待解决：基层和中层的优秀领导离职率很高。他们是公司的中坚力量，很多人精通智能技术，他们的工作热情、投入度、专业度对一线团队的士气及能力影响极大。他们的离职率是高管离职率的5倍。这个现象背后的原因是，公司高层岗位有限，基层和中层优秀领导者很难获得晋升机会，因此当其他公司给他们提供更高的职位、更大的平台时，他们就会心动。

这个问题的确非常棘手，但科纳邦提出的解决方案可能让人心情更加沉重。从行业发展的角看，技术与金融结合、数字化转型是大势所趋，结合ING的整体发展战略，在未来组织的人才结构中，数字化及人工智能方面的比重会日益加大，对既懂技术又懂业务的年轻领导人才的需求也会日益增长。也就是说，现在流失率极高的这类人才，恰恰是决定ING未来命运的关键所在，公司必须为他们创造职业发展的上升空间。这就意味着公司必须请那些目前身居高位，但不能胜任未来要求的高层领导离开现在的岗位，甚至是离开公司。这是非常艰难的抉择，因为这些高层领导往往已在公司就职多年，人品、忠诚度及业务能力都经过了考验。

这样决定企业未来命运的艰难抉择，正是应该提交给董事会审议的关键决策，需要高等级的CHRO与董事会精诚合作，严肃对待。当时的大背景是，董事会已与管理层达成共识，并已启动ING的整体数字化转型。在美国，随着转型工作的推进，对高层领导的调整、对年青一代的提拔已经开始。但在欧洲，进展相对迟缓，暂时还没有触及这个敏感问题。科纳邦说："很多有待调整的高层领导都已在公司供职多年。"为了妥善解决，他还特别请董事们帮忙，帮这些即将离职的高层领导在其他金融机构或相关领域，寻找合适的工作机会。

要想董事会在诸如此类的关键决策上做出正确的抉择，平时就需要让董事会定期了解人才的整体情况，让他们心中有数。

此外，董事会还能帮你招到关键人才。唐·格高尔是美国知名私募股权投资基金CD&R的CEO。他说："我们的董事几乎都是超级猎头。当我们需要招聘关键人才时，他们有时会把自己合作多年的下属或朋友推荐给我们。他们不仅对人家知根知底，而且对我们也非常了解，知道我们的组织氛围及做事风格，所以这样的推荐往往是双方一拍即合，加入之后，相处得也非常好。"

员工多样性

员工多样性，如提高女性及少数族裔的人员比例，在西方是关注度极高的重要议题。他们的主流共识是，员工多样性程度高，人才的构成更为丰富，对企业的长远发展非常有帮助。如果在这方面做得不好，企业声誉会受到极大的损害，因此董事会也必须予以高度重视，否则难辞其咎。既然如此，我们就需要思考，在这个议题上董事会应该发挥哪些作用？在其日常工作中，应该重点做哪些事？与此同时，董事会的自身构成是否也需要体现对多样性的考量？

这个议题，也需要 CHRO 和董事会的紧密合作。以 ING 为例，尽管公司女性员工占比已达到 50%，但随着级别的提升，女性占比大幅下降。如何提升女性在高层岗位的比例，就成了科纳邦的工作重点之一。很多时候，大家对女性的偏见是无意识的，因此 CHRO 必须高度敏感，在关键时刻，对这种偏见予以必要的纠正。比如，在高层岗位招聘时，候选人中既有男性也有女性，女性候选人的综合素质非常好，只是在某些经验上与男性候选人相比稍显逊色；又或者，在讨论晋升人选时，某位年轻的女领导业绩出众，潜力巨大，引起了高层的关注，大家讨论是否应让她升职，成为公司关键人才中的一员。这些时候 CHRO 就要发表自己的看法。由于科纳邦既懂业务要求，也懂组织人才，董事会非常尊重他。他不会仅从女性领导占比的角度思考问题，而是会把这一决策放在业务发展及公司转型的大背景下，多维度思考，综合性地权衡利弊。他会对董事们说："从某些经验上看，的确是可以再多些历练；但把她的整体经历和能力对照这个岗位的具体要求来看，她是完全可以胜任的。此外，我们还要想到，如果我们现在不给她更大的挑战、更大的发展空间，其他公司也会为她创造这样的机会。"这样的看法就很有说服力。

而且，如果董事会本身的多样性程度高，也会助力很多。挪威电信作为挪威电信行业巨头，正在着力推动数字化转型，因此在组织人才方面也制定了相应的要求。目前在公司高管中，仅 5% 的人有技术背景。公司希望到 2020 年将这一比例提升至 50%。与此同时，公司希望女性在高管中的占比，从目前的 22% 提升至 30%。

这两个目标，都不容易实现。具体达成的工作，落在了乔·埃里克·豪格的身上，他是集团负责人力工作的执行副总裁。所幸的是，公司的董事会非常给力，而且在多样性方面做出了表率，9 位董事中 4 位是女性；而且由董事长、挪威著名女银行家古恩·韦尔斯泰亲自担任董事会下设的组织人才及公司治理委员会主席。与很多董事会一样，这个下设的委员会之前叫薪酬委员会。也许正因为董事长亲自担纲，人才工作才成为公司整体数字化转型的一个有机组成部分。公司内部人才流动非常频繁，既有挪威总部领导被调到全球其他市场，也有其他市场的领导被调到挪威总部。于是，该公司将挪威当地的优越产假政策推广到了全球其他市场，即女性员工享有 6 个月的带薪产假。豪格说："我们发现，这样的产假政策以及我们对女性员工的重视，能让我们脱颖而出，甚至成为竞争优势。这种优势在亚洲更为明显，因为当地的竞争对手根本就不重视这些方面。比如在巴基斯坦，我们已经成为当地最受欢迎的雇主。"

尽管还在推动过程中，最终结果还有待时间的考验，但我们可以看到该公司在推动员工多样性方面的决心。他们之所以选择这么做，是出于公司未来整体战略及业务发展的需要。他们坚信，提高高层领导的技术能力，提高员工的多样性，能助力数字化转型，能帮助公司制胜未来。

正是由于该公司董事会的独特构成，董事会对这项工作的理解才更为深刻，对这项工作的支持才更为给力。没有董事会的强力支持，该公司也会跟很多其他公司一样，在员工多样性方面只有口号，没有行动。出现这种情况也不奇怪，因为那些公司的董事会成员，大多是清一色的白人男性。

第四步：对外沟通

董事会与管理层还应就如何对外沟通达成共识，这对上市公司而言尤为重要。内外两张皮，对公司、对员工、对资本市场都不好。

对此，也许你会心存顾虑。如果是影视公司，对外沟通时重点强调自己拥有多少明星，似乎更顺理成章；但对于芯片公司，人才会是投资人关心的关键议题吗？

我们的答案是肯定的。首先，当今时代，人才为王，越来越多的上市公司会在季报中向资本市场汇报公司的人才情况。而且，在分析公司估值时，证券分析师也会非常看重诸如乔纳森·伊夫、阿斯特罗·泰勒、谢丽尔·桑德伯格、安迪·鲁宾这样的重量级人物。这种趋势并非仅限于科技公司。对于那些职业生涯业绩辉煌的顶级投资专家、时尚设计师甚至生产制造专家，资本市场都会特别关注，他们的去留对公司估值通常会产生很大的影响。

当然，与资本市场沟通组织人才，不能只讲那些明星人物。事实上，在市场波动中，人才的厚度被视为重要的稳定因素。通用电气公司虽然也面临着很多挑战，但投资人对其在组织人才方面的悠久传统、对其在领导梯队方面的建设及投入，比如在克劳顿维尔的领导力培训工作，还是很认可的。谷歌公司则有不同的做法。谷歌会给员工自由的空间，比如曾经一度有 20% 的工作时间可以自主安排。尽管投资人一直督促拉里·佩奇，希望他在某些耗资巨大的研究项目上加强管理，但没有人希望因此扼杀谷歌的创新基因。资本市场期待像谷歌、脸书、亚马逊这样的创新公司能够持续带给市场突破与惊喜，因此对这些公司偶尔出现的失败也会更加宽容。毕竟要创新就会有失败，而且资本市场对这些公司的组织人才及创新能力很有信心。从这个角度看，这些公司的对外沟通，尤其是与资本市场的沟通做得非常好。

****

本章小结

要想推动人才管理变革，真正把人才放在第一位，必须赢得董事会的大力支持。大多数董事会在理念上对人才工作还不够重视，而且即便有心去做，在能力上也有待提升。毕竟是新领域的新尝试，因此需要 CEO 及 CHRO 更为主动地帮助并引导董事会。

具体如何赢得董事会的支持，我们在本章中介绍了 4 个步骤。

第一步，刷新认知。很多董事会对人力部门及 CHRO 的认知还停留在过去。要刷新他们的认知，需要领导者亲力亲为。CEO 需要重新定位 CHRO，并让董事会认识到 CHRO 是 CEO 的左膀右臂，而且和 CFO 一样，是 G3 的关键成员。公司正在自上而下地推动人才管理变革，G3 是 CEO 在公司顶层最重要的抓手。开董事会时，CEO 要给 CHRO 创造机会，让其有充分的时间与董事会沟通研讨，让董事会在研讨过程中，看到 CHRO 对公司业务的深刻理解和对人才的深入洞察。这样，CHRO 才能逐渐赢得董事会的认可和尊重，建立全新的认知。

第二步，争取支持。要争取把董事会下设的薪酬及提名委员会改名为组织人才及薪酬激励委员会，或直接改名为“组织人才委员会”。这么做可谓一举两得：一是具有重要的象征意义，即董事会对人才管理变革的重视与支持；二是具有重要的实际意义，即董事会可以名正言顺地审议研讨人才问题。

第三步，人才转向。除了董事会此前会审议的 CEO 继任问题，董事会还要定期研讨关键人才及员工多样性议题。这三个议题必须列入董事会的正式会议议程。一旦开始这样的深入研讨，就会发现董事会在行业内外广泛的人脉能让CEO受益良多，甚至还会有意外收获。

第四步，对外沟通。推动人才管理变革，要处理与资本市场的关系，要在董事会的支持与引导下做好对外沟通工作。投资人和分析师当然非常看重经营结果，但结果都是人做出来的，如果能证明公司已成为顶级人才趋之若鹜的心仪之地，这对资本市场而言就很有说服力。无论市场如何变化，业务如何更新，人还是创造价值的关键所在。

通过前两章的讨论，想必领导者已经构建了强有力的顶层共识。下面我们就进入第三章和第四章，一起探讨如何推动组织机制变革。

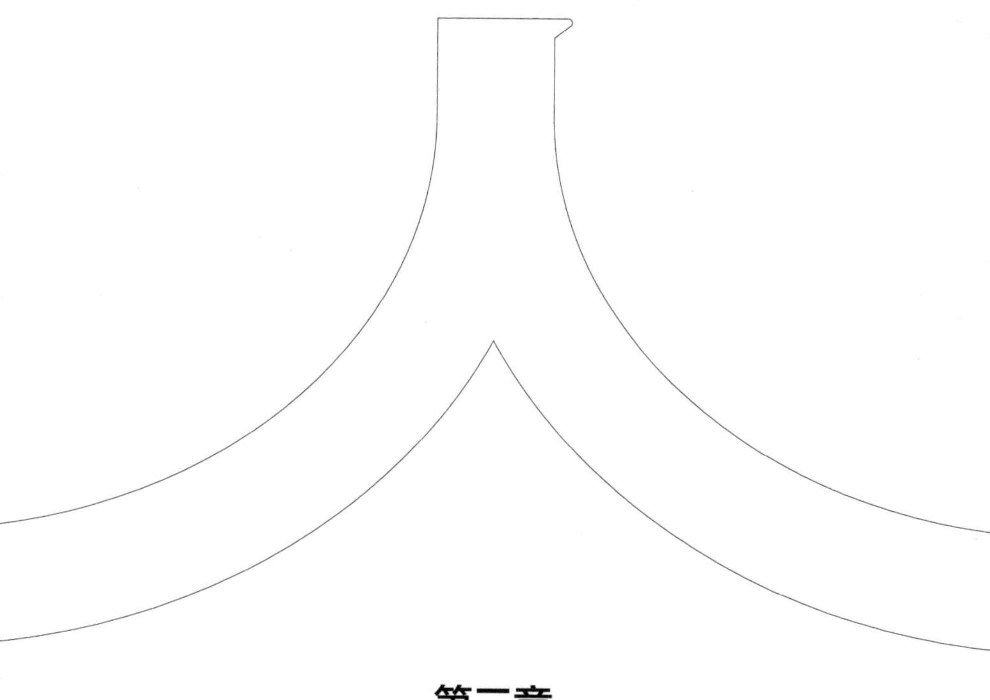

第三章

打造以人才驱动的组织形式

今天的企业正是因为敏捷，才能在变化莫测的不确定中立于不败之地。敏捷型的组织通常需要平台化的组织形式，打破传统的组织架构，整合不同业务及职能的相关人员及资源，组建相互独立的敏捷团队。同时，企业必须赋予员工强烈的使命感，并为他们营造良好的组织氛围，才能让他们感到自己的工作有意义、有价值。

今天的组织形式可能与传统组织形式非常不同。大家一起想象以下几个场景吧。

场景一，公司CEO花一半时间，与一个由38人组成的团队一起工作。这38人并非其直接下属，是从公司各业务、各职能、各地区抽调来的，有些级别并不高。

场景二，在一家全球大型跨国公司，没有人给员工分配工作，他们自己决定想加入哪个项目，或者自己想做什么。

场景三，一家全球大型企业没有既定的组织架构，日常经营由200多个面向客户的小团队完成。每个团队自己制定自己的工作模式及薪酬机制，如果团队成员对团队负责人不满意，可以罢免他。

上述三个场景并非我们异想天开，而是今天企业的真实创举。这些企业深知人才工作的重要性，懂得时代不同了，外部环境不同了，传统的等级严明、条块割据的科层式组织已经无法适应新要求，必须进行调整乃至重构。在我们调研过的企业中，有一家公司自上而下竟然有19个层级。

过去，企业组织是为战略服务的，以控制为主要目的，对决策速度及调整灵活性基本没有考虑。过去，企业战略以产品为核心，聚焦于企业自身的发展，对客户关注有限，尤其是没有重视个性化的客户需求，没有把每位客户视为独特的个体。然而时代不同了，今天借助智能技术，很多创新企业已经做到了千人千面，已经开始为每位客户提供个性化、差异化的产品及服务。

今天的组织形式应该是什么样的呢？其实，大家都在创新、探索、尝试的过程中，还没有统一的标准答案，没有放之四海而皆准的法则。本章中，我们将向你介绍几家领先企业的探索历程，并为你总结今天组织重构的三大核心要素：敏捷团队、平台型组织和使命意义。

敏捷团队

谈到敏捷，很多人会认为敏捷是稳定的对立面。其实并非如此。你在本章中会看到，今天的企业正是因为敏捷，才能做到比传统组织更稳定，才能在变化莫测的不确定性中立于不败之地。麦肯锡的三位资深专家[①]曾在一篇文章中写道：“敏捷型的企业会制定有别于传统的架构、流程及管理机制，来支撑一些貌似松散的大胆尝试，特别有意思的是，当外部环境变化，新的机会及挑战浮现时，这些尝试性的举措能帮助企业灵活调整，快速行动。”从组织架构上看，在这些企业中，更多的员工会在敏捷团队中工作，管控职能的员工相对较少。从决策机制上看，公司级重大决策会由跨职能人员构成的专门委员会制定，大量日常经营性决策会授权敏捷团队或其负责人自主决策。从日常工作上看，这些企业通常会制定原则边界，至于具体如何开展工作、如何解决问题则交给敏捷团队及员工个人，给他们充分的自由度，让他们充分发挥自主性，创造性地面对各种市场变化，解决各种新问题。

脸书就是敏捷团队的经典案例。今天，资本市场把脸书与谷歌、亚马逊、苹果及网飞当作数字巨头的代表，并称为FAANG（这5家公司英文名首字母缩写）。但回到2011~2012年，对脸书持怀疑态度的人很多，因为当时脸书全靠PC（个人

① 这三位资深专家分别是沃特·阿吉纳（Wouter Aghina）、阿龙·德斯杨（Aaron De Smet）和基尔斯滕·韦雷达（Kirsten Weerda）。——译者注

计算机）端业务，在移动端几乎没有任何建树。那时，美国科技媒体 Business Insider 甚至刊登了一篇题为《移动互联时代，脸书还有立足之地吗?》的文章。脸书并非对移动互联一无所知，其实它也想转型，但由于最初的思路是在原有的 PC 系统架构上搭建移动模块，支持手机端应用，结果用户体验非常不理想，不仅速度很慢，而且还很不稳定。到 2012 年春，脸书仅有不到 20 位工程师在做手机端的应用开发。当 2012 年 5 月脸书上市时，其主要业务收入来源还是 PC 端广告。

脸书创始人扎克伯格的内心非常坚定，思路也非常清晰，他知道自己必须全力推动向移动互联网的转型。于是他给每个产品团队配备了移动端的开发工程师。在与分析师沟通时，他说："我告诉所有产品团队，'跟我开会时，必须在手机上做产品展示。要是还给我看 PC 端展示，我就把你们赶出去。你们必须有移动端的产品'。"在转型路径上，脸书大胆放弃了在原有 PC 架构上打补丁的做法，转而开始直接构想移动端产品。当时脸书倡导"大胆创新，快速行动"，于是很多移动端产品涌现了出来。很多产品并不怎么样，也没有款款大火，比如 Paper（阅读器应用）、Slingshot（新款阅后即焚聊天应用）、Rooms（聊天室应用）等，用的人也没那么多，但的确有些非常好的创意成了转型的重要抓手。

脸书转型的成果是非常惊人的。到 2016 年，移动广告收入在公司整体广告收入中的占比已高达 84%，公司整体广告收入从 2013 年的 78 亿美元激增至 2016 年的 276 亿美元。2016 年，全球有 11.5 亿用户每天通过移动端登录脸书，是 2013 年公司全球用户数的两倍。

脸书转型的成功，当然得益于扎克伯格本人的大力推动，也与敏捷团队的组织模式创新有很大的关系，否则脸书也会受制于传统组织机制，陷入当年网景和雅虎的困境。同时面对这么多敏捷团队，在管理上的确是个不小的挑战。脸书有什么独特的方法与心得呢？为此我们访问了脸书的 CHRO 洛里 · 格勒尔。她于 2008 年加入脸书，与我们分享了脸书在敏捷团队管理上的独到之处。

一是授权。敏捷团队有很大的自主权，决定如何开展工作、如何解决问题。有位负责 Messenger[①] 产品的工程师，把敏捷团队类比成创业公司，他说："每个团队都有权决定具体用什么方式达成目标。我们负责的产品，可挖掘的价值点很多，

① Messenger 是脸书开发的一款桌面窗口聊天客户端产品。——译者注

比如核心基础架构怎么搭建，怎么推动用户增长，怎么实现高效变现，等等；面对的挑战也很多，有技术上的，也有产品上的。很多创新的想法，就是由一位工程师提出来，然后就去做。在脸书，只要你有想法、想做事，没人会拦着你。”

二是尊重。员工个人可以自己选择加入哪个敏捷团队。根据工作需要，有些敏捷团队会共事一两年，有些几周就会解散，下一个项目做什么，员工可以自行选择。脸书还有一个员工自己提议的 Hackamonth 机制，即每个月可以去另一个项目团队体验。体验之后，如果喜欢，可以选择留下；如果不喜欢，可以选其他项目加入。格勒尔说，公司这么做背后的核心思想是，希望充分发挥员工的创造性和自主性，让大家自己决定、自己选择，这比上级强加的效果好。

三是人才。授权敏捷团队、尊敬个人意愿的前提是，这些敏捷团队能够运转良好，这就需要优秀的管理人才。这些管理者责任重大，比如需要他们确定每个敏捷团队由谁负责，各个团队之间如何分配资源，如何既有灵活性，充分尊重授权，又能确保公司价值观在团队层面有所体现，有效规范大家的日常行为。要知道，谁都不想被别人管。《华尔街日报》曾经发表过一篇文章，题为《在脸书，“老板”可不是什么好词儿》。

那么，如何找到这样的优秀管理人才呢？格勒尔已在脸书工作了9年，她花了很多时间思考，管理及领导脸书意味着什么。为此，她做了详尽的调研，研究了12000个大大小小的敏捷团队，哪些团队运作得好，背后的原因是什么。她发现，这些优秀团队的负责人都非常关心团队成员，会主动为每位成员提供成长的机会，会制定清晰的目标与标准，会明确分工、职责到人，会及时反馈，充分肯定优秀的业绩表现。这些发现没什么特别的，属于管理人才的基本功。

真正有意思的发现是，最优秀的管理者是那些真心喜欢、愿意承担管理及领导责任的人。与之形成鲜明对比的是那些特别糟糕的管理者，他们根本不喜欢管理工作，但为了更高的薪水及头衔，勉为其难，担任管理工作。传统组织等级森严，职级晋升被视为至高荣誉，而且随之而来的是更高的薪资及福利待遇。因此，作为激励，传统组织通常会把在某个领域最优秀的专家晋升为该领域的负责人。这其实是巨大的错误，会严重打击这些专家的工作热情，因为他们中的很多人对管理毫无兴趣，升职的唯一诱惑就是更好的待遇。脸书为这些专家开创了新的职业发展路径，他们无须做管理工作也可以提高薪酬、提高职级。除了脸书，其实很多其他行业的企业也发现了类似的问题，也在尝试“双轨制”的办法。比如保险业巨头安达保险公司及盖可保险公司就推出了类似的举措，确保其最好的理赔审查专家不必操心管理，也能不断提升职级和薪酬，受到组织尊重。格勒尔说：“强迫最牛的工程师当经理，未必是最好的解决办法。当经理、做领导的人，必须发自内心地喜欢干这事。对于那些有意愿的，我们会创造机会让他们历练。中国人说，强扭的瓜不甜。从我们的经验看，真心喜欢的才最有可能是好苗子。”

脸书可谓组织转型的经典案例。要想推动转型，领导者就要像扎克伯格那样亲自推动，既要有战略格局，明确转型方向，也要脚踏实地，抓紧组织人才。在战略格局方面，扎克伯格做到了清晰明确，沟通到位，公司上下每个人都很清楚。在组织人才方面，脸书通过组建敏捷团队，通过授权尊重及必要的管理，有效激发了这些团队的自主性和创造性。在敏捷团队的日常工作中，CEO 和 CHRO 无须干涉，但对于各个团队的进展情况，他们会跟进、会了解，知道哪些团队进展顺利，哪些遇到了困难，谁最能给团队所需的指导与支持，什么时候应该出手相助。

平台型组织

这个时代要求组织必须敏捷灵活，敏捷型的组织通常需要平台化的组织形式。这意味着企业要打破传统的组织架构，按照客户需求，整合不同业务及职能的相关人员及资源，组建相互独立的敏捷团队。苏珊·兰德是麦肯锡全球研究院的合伙人，她说："按照传统观念，组织架构是按照业务或职能来搭建的，也会根据员工各自的工作及技能，把他们分配到各个部门中，然后再明确各自的汇报路径。但在今天，这样的组织架构已经不再适应业务发展的要求。很多企业会创建内部人才流动机制，类似于人才市场，把隶属于某个职能部门的员工，暂时'租'给有需要的项目组或业务团队。"当今时代，企业不仅需要内部人才市场，还需要对接更多的外部人才。你会发现在同一项目组里，既有全职员工，也有兼职员工、第三方员工、临时加入的自由职业者。也许将来人工智能技术成熟时，还能租用机器人。这样的人才市场，这样灵活的人才及资源流动机制，能在外部环境复杂多变的今天，帮助企业随时做好准备，对业务发展方向、工作重点安排进行灵活调整。

在这方面，最好的案例也许是海尔。海尔是中国最大的白色家电制造商，该公司的掌门人是中国著名企业家张瑞敏先生。他极具管理智慧，1984 年加入海尔，一直带领公司在不同的历史发展阶段锐意进取，极具前瞻性地完成了多次组织变革。与很多制造型企业不同，张瑞敏很早就开始聚焦用户体验，从用户的角度，帮助用户解决产品使用过程中的各种难题。其中最著名的是洗衣机洗土豆的故事。当时海尔发现，在农村，海尔洗衣机经常出问题，维修率非常高。深入调研发现，原来不是海尔的质量问题，而是有些农户用洗衣机洗土豆。了解到这个情况，海尔专门为农村市场研发了可以洗土豆及其他农产品的特殊“洗衣机”。

早在 2005 年，张瑞敏就洞察到，未来市场将充满不确定性，企业要想不被时代淘汰，就必须贴近市场、贴近用户，根据用户需求的变化灵活调整。他认为，在互联网时代，每家企业都必须缩短与用户的距离。为此，他颠覆传统组织模式，提出了“自主经营体”的概念，打破了原有的组织架构，形成了以自主经营体为基本创新单元的组织架构，将原来所有部门划分为 2000 多个自主经营体。之后张瑞敏彻底告别了传统组织管理方式，开始推动海尔变身成为平台型的网络化生态圈组织，并提出了“小微”的新概念，即海尔平台组织上的基本创新单元。每个“小微”分别由来自不同职能的10~20名成员组成。有的“小微”会存在多年，有的则只存在几周。

企业对“小微”充分授权，旨在充分调动“小微”的自主性和创造性。每个“小微”都是独立经营单位，既拥有用人权、财权及业务决策方面的自主权，也自负盈亏；在价值分配方面则强调共赢共享。每个“小微”要对股东负责（对公司负责），也要对用户、对社会负责，因此在创收赢利的同时，需要思考如何用环保节能的产品为用户创造长期价值。张瑞敏希望在内部引入竞争机制，他认为，企业要有活力，就要给所有人公平的机会，关键在于机会平等，而非结果平等。企业要做的就是打造一个平台，让每个员工都有平等的成长发展机会，都能通过自己的努力不断进步、不断提升。

在海尔，张瑞敏不仅彻底打破了传统的组织架构，还彻底颠覆了过去的决策机制。传统组织的决策机制往往是自上而下的。在海尔，产品决策要听用户的，用户的偏好及选择是产品设计的出发点。从这个意义上说，“小微”的组织模式与海尔的决策机制是高度契合的。

那么海尔这样的组织创新，在实践中是什么样的呢？今天的海尔更像是一个平台型的生态系统。整个组织是个赋能平台，支持着许多“小微”同时运转；每个聚焦用户的“小微”，以用户需求为中心，又把产品研发、生产机会、制造供应、市场营销及售后服务等核心能力，高效有机地整合到了一起。过去僵化的事业部及职能部门被打破，员工根据各自技能及业务需要，可以双向选择加入不同的“小微”。据说在海尔，几乎没有中层经理。

张瑞敏出生于1949年，今年已经70岁了，但他始终保持着创新的管理思考，引领着海尔的组织变革。张瑞敏认为时代发展不断向前，只有贴近用户、贴近市场，才能帮助企业在市场变化及技术更新中不掉队，不被时代淘汰。互联网能够打破各种传统壁垒，所以他认为组织应当更加开放，即海尔推动的“网络化战略”。比如，海尔会与其供应商分享用户数据，会邀请供应商参与海尔与用户的互动，这样供应商就能直接了解用户需求；海尔会通过工业互联网平台，邀请用户根据其个性化的需求，定制所需的冰箱；海尔还会根据产品中智能传感器回传的信息，在产品出故障前提前告知用户进行必要的保养或维修。

海尔对传统组织形式的颠覆、对平台型生态组织的探索，是基于对未来趋势的深刻洞见，即企业需要有效满足用户个性化的需求。现在海尔已走出中国，走向世界，成为全球最大的白色家电制造商。过去10年，在组织变革的同时，海尔保持了稳定的收入增长和快速的利润增长。

海尔案例还有一点特别有意思，就是为什么张瑞敏敢于在海尔这家业务规模巨大且复杂性高的企业，推动如此具有颠覆性的管理变革。这是因为他坚信，当员工获得充分授权、能自主决策，充分负责、能自负盈亏，充分激励、能共赢共享时，应当充分信任员工，相信他们可以做出正确的选择。既然如此，为什么还需要以管控为核心的“官僚机构”呢？

谈到平台型组织，其实麦肯锡也是。麦肯锡通过1800位合伙人，为全球客户提供咨询服务。针对不同客户的不同项目，负责该项目的合伙人需要根据客户需求组建项目团队，其中既需要相关行业专家，也需要相关领域专家。

与海尔不同的是，麦肯锡没有常设的业务部门。项目进行时，有些人是全程参加，有些人只是有需要时才来；项目结束后，团队也会随之解散。多的时候，全球会同时有5000个客户项目，有些专家会同时支持好几个项目。其实，麦肯锡是一家提供各种专业能力的服务公司，其最重要的资产就是各个行业及各个领域的咨询专家，其最小经营单元就是每位合伙人领导的项目团队，公司对每位合伙人充分授权、充分信任，相信他们能够带好团队、服务好客户。

使命意义

无论是脸书还是海尔，你都会发现，这些企业特别强调的不是为企业创造利润，而是为用户解决问题。因为他们相信，企业必须真正为用户解决问题，为用户创造价值，否则无法持续赢利。聚焦用户能让这些企业敏锐洞察市场变化，快速反应，迅速调整。

以用户为中心，为用户解决问题，会促使企业认真思考、清晰定义自己的使命。只有这样，企业才能赋予员工强烈的使命感，才能让他们感到自己的工作有意义、有价值。

很多企业谈使命只是停留在口号上，摆摆样子，走走过场，让人不免心生疑惑。要想激发员工的使命感，必须让他们发自内心地坚信。企业领导者必须以身作则，亲自践行。盖洛普公司调查显示，在美国只有 30% 的员工认同公司的使命，认为自己的工作有意义，对工作很投入；有 20% 的员工甚至说自己对工作完全不投入。那么工作必须要有意义吗？盖洛普 CEO

的回答是必须要有意义，而且这是过去 30 年最重要的变化趋势。

要解决这个问题，方法很多，有些我们会在之后的章节中与你探讨。我们在此想重点阐述的是解决问题的第一步，即让员工参与甚至主导组织变革。

2013 年，安进公司启动了组织变革。他们选择让员工主导，结果大大出乎意料，非常成功。

当时，安进 CEO 鲍勃 · 布拉德韦和时任 CHRO 的布莱恩 · 麦克纳米最大的担忧是，随着公司的快速发展，业务复杂度的不断提升，现有的核心能力及企业文化是否还能支撑公司制胜未来。面对这一挑战，他们没有选择单打独斗，而是在公司关键人才中精挑细选了 30 位，给他们充分授权，让他们思考：公司未来应该是什么样，现在应该做什么。

当你充分信任员工，让他们构想未来时，他们的答案往往能直击本质：我们要成为最受患者尊敬、最受人才喜爱的生物科技公司。为了实现这一目标，他们提出了 19 项重点工作，并自发组建了项目组。几乎每项重点工作，都会对企业文化产生重大影响。

就拿招聘为例，这是个老大难，公司总是苦于无法招到足够多的顶级人才。项目组发现，原来问题出在公司总部所在地，即美国加州南部的千橡市，虽然也在加州，但对顶级人才缺乏吸引力。项目组建议，与其这样，不如在行业顶级人才聚集的旧金山及波士顿开设研发中心。这个建议很快被采纳，并付诸实施。

如何更好地服务患者，也是重点工作之一。对此，项目组建议，鉴于智能技术的迅猛发展，公司充分借助智能技术，从两个方面着手：一是加速产品研发，二是加强与患者沟通。很快公司启动了一系列变革，包括成立了独立的数字业务部门，通过数据分析，帮助患者更严格地按医嘱服药，帮助医生更好地预测患者对不同药物可能产生的反应。他们还与斯坦福大学合作，开发了一套精密的算法，帮助医生更精准地诊断出某种罕见的心血管疾病。

除了让员工主导变革，坦诚透明及持续沟通也是安进公司组织变革取得成功的重要原因。麦克纳米说："推动变革时，不能不加解释说明就把变化强加于人。要赢得大家的支持，就必须做好沟通工作，让大家理解现状是什么，要做什么调整，以及为什么这些调整是必要的。一谈到沟通，很多人觉得有点虚，其实坦诚透明及持续沟通是转型成功的先决条件。"

沟通不是公关，不是作秀。该公司 CEO 和 CHRO 在与员工沟通时，会认真记录大家的反馈，有什么顾虑，有什么建议，都会予以回应。他们这么做，会让大家觉得自己真的是公司的一分子，高层重视自己的意见和建议，自己切实参与了组织变革。此外，公司还组建了 350 人的推动小组，他们会分头跟进各项重点工作的情况，至少每月集中汇报一次。如果某个项目进展受挫，汇报频率会相应提高。当时有个小项目组，打着变革的旗号，挂羊头卖狗肉，还在用过去的老办法与患者沟通，被发现后，立即叫停。

该公司 CEO 和 CHRO 最初启动变革时，谁都没有想到变革之路如此艰难。麦克纳米说："组织变革的确工程浩大。光这一件事，就需要我全职、全时、全身心地投入。过去，我有自己的办公室，离 CEO 的不远；后来，项目组找了开放式工位，大家集中办公，我也搬了过去。这是我和 CEO 都未曾想过的，我对他说，'现在我得跳进去了'。"就这样，公司任命了一位临时代班的 CHRO，任命麦克纳米为执行副总裁，专职负责组织变革的各项工作。

在领导推动变革的过程中，麦克纳米发现自己的岗位调整是非常适宜的举措。他进一步解释说，因为 CHRO 有自己的本职工作，如果既担任 CHRO 又负责推动变革，不免有既当运动员又当裁判之嫌。“领导变革时，我需要推动公司高管，即 CEO 的直接下属，坦诚相告还有哪些可以提升的空间。如果我自己还担任 CHRO，那就很难赢得他们全然的信任。现在我专职推动变革，立场更中立，更公平。随着组织变革的不断深入，大家会逐渐形成更深层次的共识和默契，会越来越主动地持续提升。”

在安进，大家都已充分认识到，要想制胜未来必须坚持与时俱进，因为唯一不变的就是变化本身。大家都在行动，都投入了组织变革之中。现在的难题是大家创意很多，需要判断轻重缓急，有序推进。让员工主导参与变革，有效提高了员工的敬业度及留存率，公司业绩也取得了喜人的成绩。截至 2016 年，安进已启动 30 项公司级的重点工作，有 600 多位各级管理人员投入其中。在变革过程中，新的领导人才也涌现出来，在新晋提拔的公司高管中，有 4 位都是推动组织变革的核心骨干。变革、转型、持续提升已成为公司文化，并逐渐形成了长效机制，麦克纳米也回到了 CHRO 的本职工作中。

安进公司的成功案例让我们看到，要想推动组织变革，可以充分借助公司关键人才的力量，对他们充分信任、充分授权，让他们主导和推动，让他们成为变革先锋，继而带动整个组织。

无独有偶，日本企业家柳井正在推动组织变革时，也用了这一方法。

柳井正是日本迅销公司[①]的掌门人，该公司旗下有优衣库、极优（GU Energy）、希尔瑞（Theory）、Comptoir des Cotonniers 等全球知名品牌。在他的领导下，该公司成功地拓展了全球市场，取得了全球瞩目的成功。但柳井正并没有停下前进的步伐，他看到智能技术的巨大威力，坚信智能技术将颠覆整个零售行业。他说："数字革命将改变一切。传统意义上的不同业态，比如纺织、服装及零售等，将彼此融合。谁能更好地满足消费者，谁就是这个时代的赢家。"

全面再造优衣库绝非易事。为此，柳井正决定亲自点兵，在公司关键人才中选拔一支精锐部队，让他们作为变革先锋。经过审慎的选拔，他最终锁定了来自不同业务、不同职能、不同职级的 38 位高潜人才。他们大多数来自产品及营销部门，有

① 迅销公司（Fast Retailing）最早是 1949 年由柳井正的父亲个人创业的小郡商事，以经营男性服饰为主。1984 年，他继承父亲事业，成为小郡商事的社长。1991 年，柳井正将小郡商事改名为迅销公司。——译者注

三位来自人力资源部门，三位来自财务部门，四位来自研发部门，公司高层则无一在列。

为什么没有高管呢？柳井正有自己的思考，他说："说实话，我们的高管个个能力都很强，能深入细节，是日常经营的好手。但要突破创新、推动变革，相比之下，年轻人会有更好的想法。再说，如果需要高管的指导帮助，可以随时邀请他们参与。"

那么选拔这38位关键人才的标准是什么呢？其实，柳井正看得更为长远，他希望这批人当中能涌现出带领公司制胜未来的人，因此他更看重的是谦逊好学，善于倾听，善于识人用人，充满好奇心，拥抱新想法，忠诚可信赖，且执行力强。

作为变革先锋，这38位关键人才肩负的使命是，帮助公司找到数字时代的制胜之道：如何坚守为大众服务的初心，如何通过智能技术、敏捷组织，有效提升经营业绩。柳井正要的不是简单的数字化转型，他说："在我们公司，很多高管都是左脑思维，线性思维，逻辑性强。但在未来，智能技术能在很大程度上帮我们做好逻辑性强的分析工作，未来更重要的是提高右脑思维能力。那些大局观更好、看问题更全面、与人打交道能力更强的，应该是未来领导人才的好苗子。"

这次变革意义重大，柳井正对这 38 位变革先锋也给予了全力的支持。他亲自召集主持研讨会，通过一系列的讨论和功课，帮助他们深入洞察客户、全面了解公司。在分组研讨中，他还有意识地把不同职能、不同背景的人组合在一起，让他们相互学习，从不同角度分析问题。第一次集体研讨会后，每个小组都领了作业，需要向公司高层提出一项独特的创新建议。

将来这 38 位变革先锋都将受到重用，柳井正希望他们能作为星星之火，在各自的岗位上，用同样的方式组建更多的跨职能团队，带动更多的人，加入推动组织变革的行列，用全新的视角帮助企业找到未来发展的路径，持续长效地推动组织不断突破创新。客户需求是不断变化的，企业发展的路径将会持续调整，但不变的是柳井正自己推动变革的坚定决心及持续投入。他说自己愿意投入 30% 甚至一半的时间与这些团队沟通互动。“这就是我的工作，我喜欢从零开始，创新突破。”

营造良好的组织氛围

敏捷团队、平台组织、使命意义，都是今天组织重构的关键要素。要想组织高效运转，组织变革真正落地，还需要营造良好的组织氛围。

具体怎么做呢？我们认为，企业应清晰定义一套具体的行为准则，告诉大家什么该做、什么不该做，哪些行为是提倡的、哪些行为是不当的，这样大家在日常工作中、在相互研讨中、在变革转型中，就能更好地达成共识，形成合力。有了行为准则，还需要定期跟进，看看落地情况如何，是否真的得到践行。

在全面启动组织变革前，CEO 和 CHRO 要一起分析，现在组织中的主流理念及行为方式是什么。CEO 不妨从关键决策入手，思考这些决策是谁做的，怎么做的，在哪个层级做的，最终拍板的是谁，决策速度如何，决策过程中会听取哪些人的意见和建议，其他部门的意见是否能得到充分体现，等等。这些虽然是细节，但非常重要。要想完成组织重构，这些工作不能省。

对组织氛围的把握，对具体行为准则的阐述，能帮助领导者在变革转型中与员工进行有效沟通。那些大而空的话，比如“我们需要改变企业文化”“我们希望帮助优秀人才成功”，实在是不疼不痒。不如明确直接地告诉大家，组织变革的目标是什么，要解决哪些问题，需要大家在具体行为上做出哪些改变。

这样的沟通，能帮领导者赢得大家的尊重。

推动组织变革、营造组织氛围都是长期性工作，需要 CEO 和 CHRO 有耐心地持续推动，定期审视进展。针对关键决策节点，CEO 和 CHRO 不妨列席一下，看看实际情况如何。比如，变革旨在提升技术部门在决策中的话语权，那么就要特别关注，某个非技术部门是不是还像以往那样特别强势，主导了决策。又比如，变革旨在推动本地化战略，那么就要特别关注，在总部与海外各地区分部的视频会议上，有没有给当地团队足够的时间发表观点，他们的意见在最终决策中有没有真正被重视。再比如，某位领导特别谦恭有礼的风格，在工作中是否奏效。这样的观察就像是组织诊断的 MRI（磁共振成像），能帮你洞察相关团队在哪些方面做得好，哪些方面有待提升，哪些环节存在明显的短板，哪些人的行为必须改变。就像 CFO 必须分析财务数据，思考哪里可以增收节支，哪里可以节省现金流，哪些业务需要调整一样，CHRO 也需要对上述问题高度重视，认真思考如何营造良好的组织氛围。

此外，CHRO 还要目光向外，分析对标竞争对手的情况，看看他们在组织人才方面有什么举措，这些举措对其经营业绩有什么影响。有些公司自视很高，认为自己在聚焦用户方面做得很好。但没有比较就没有发言权，不与业界优秀企业对标，从何判断自己做得好呢？麦肯锡在这个方面推出了“组织健康指数”（OHI），通过分析具体管理举措，考量企业的组织氛围。OHI 问卷涵盖了 37 项管理举措，迄今为止，已有来自全球 1500 多家企业的 200 多万份调研反馈。这是强有力的分析工具，不仅能很好地描述组织的具体行为方式，还能同时进行外部对标，帮你发现组织中最急需改变或提升的领域。

要想推动组织人才管理变革，必须重视组织氛围。如果大家在日常工作中依然因循守旧，行为方式没有改变，那么组织变革设计得再好，估计也很难产生实效。

****

本章小结

当今的组织形式应该是什么样的呢？如何重构组织，才能支撑组织人才变革的需要呢？本章为你总结了组织重构的三个要素，希望对你的探索有启发。

要素一：敏捷团队。我们认为，敏捷并不是稳定的对立面，而是在变化莫测的环境中，更快更灵活地主动适应、变中求胜的能力。敏捷型的企业会制定有别传统的架构、流程及管理机制，会借助敏捷团队迅速探索各种业务机会。脸书公司通过敏捷团队推动业务转型的历程，就是这方面的经典案例，也许对你会有启发。脸书的敏捷团队可以按需随时组建或解散，团队成员也可以自由选择是否加入。而且尤为难得的是，该公司为那些技术专家或某个专业领域的专家量身打造了新的职业发展路径，让他们无须操心管理，也能不断提升职级薪酬，提高自己在组织中的地位。

要素二：平台型组织。今天，组织必须敏捷灵活，通常需要平台化的组织形式。这意味着，要打破传统的组织架构，不再用条块割据、等级森严的方式管理员工，而是要建立内部人才市场机制，为员工创造自由流动的机会。海尔和麦肯锡无疑是这方面的先行者，我们相信更多的企业能从这样的机制中受益。如果打算进行类似的尝试，不妨先梳理公司的关键人才有哪些，都是谁，然后再思考什么样的组织形式最有利于他们发挥各自的聪明才智。

要素三：使命意义。这一点的重要性毋庸置疑，却又“虚”得让人不知从何入手。但你和 CHRO 必须认真对待，这不仅仅是因为现在的年轻人越来越要求工作有意义，还因为强烈的使命感更能激发员工的自主性和创造性。这个问题必须解决好，否则企业在今天将很难吸引、激发、留住那些最具创造力的顶级人才。

光具备上述三个要素还不够，要想组织高效运转，变革真正落地，还需要营造良好的组织氛围。对此，你必须花时间深入了解现状，清晰定义行为准则，明确提出改变的要求，并持续定期跟进，看看是否真的得到践行。推动组织变革是一项长期性的工作，需要你有耐心持续推动，并确保组织氛围对组织变革的有力支撑。

海尔公司掌门人张瑞敏在接受记者采访时曾说，大公司需要学会“逐渐失控”。这听上去有些吓人，但实则蕴含了他对新时代深刻的洞见及过人的智慧。如果永恒的变化是新时代的主题，那么适度失控，充分激发员工的自主性和创造性，或许才是真正的制胜之道。

下一章我们将与你深入探讨如何重构人力资源，如何让组织变得更为敏捷灵活。

第四章

是时候炸掉人力资源部了！

人力资源工作分为两类：一类是行政性人力资源工作，一类是战略性人力资源工作。传统人力资源在行政性人力资源工作中消耗了大量的时间、精力和资源，现在很多新技术不仅可以将之简化，甚至还能自动化，实现大幅降本提效。这样一来，人力资源就能被解放出来，专注做好战略性人力资源工作，为企业创造更大的价值。

多年来，大家都在谈人力资源需要转型变革，但实际的进展乏善可陈。在今天的创新时代，这样的需求更为迫切，重塑人力资源必须找到行之有效的方法，必须快速付诸行动。

如果真的相信人才为王，那么选人、招人、用人、培养人的工作对组织绩效就至关重要。然而，很多企业领导人把人力资源部门视为后勤部门，主要让他们做些薪资、福利、入职、培训等行政性的工作。这些工作是必要的，但不是最重要的，为组织创造的价值也是有限的。难怪一项调查[①]表明，在业务及其他职能领导人中，有72%对人力资源工作不满意，认为他们表现欠佳，甚至糟糕。光辉国际近期调研了全球7000位CHRO，有83%表示人力资源部门缺乏真正懂业务、能协助完成战略重点工作的相关人才。能达到新时代的要求，真正为组

---

① 数据源自《德勤2015全球人才趋势》。——译者注

织创造价值的人力资源人才，的确非常难得。

这个困扰企业多年的老问题，必须彻底解决了！

这一章将为你重点阐述如何重塑人力资源，把人力资源打造成组织的竞争优势。本章案例中提到的企业都是这方面的先行者，而且每家企业都取得了实质性的进展和成效。具体做法各有不同，但其中的共性非常值得大家借鉴。

第一，寻找卓越的CHRO。这些企业的CHRO不仅都是组织人才方面的高手，而且都精通业务，能够与CFO紧密合作，将企业经营的两大资源（资金和人才）协同好。正如力拓集团公司CHRO乌戈·巴盖所言："我没把自己当作人力资源，我认为自己是业务领导，也对业务结果负责，只是相对别人更关注组织人才的领域而已。"

第二，借助数据加深洞察。这些企业都在人力资源方面大力借助智能技术及数据分析，对组织人才做出了更为深入的洞察。在选人招人、用人育人、考核评价等方面，已显示出巨大的威力。

第三，区分两类人力资源工作。这些企业有意识地将人力资源工作分为两类：一类是行政性人力资源工作，一类是战略性人力资源工作。传统人力资源在行政性人力资源工作中消耗了大量的时间、精力和资源，现在很多新技术不仅可以将之简化，甚至还能自动化，实现大幅降本提效。这样一来，人力资源就能被解放出来，专注做好战略性人力资源工作，为企业创造更大的价值。

第四，人力资源业务双向轮岗。对组织人才工作的思考，不能仅限于组织高层或人力资源部门本身，要重塑人力资源，使之达到新要求，人力资源也需要更加了解业务。因此这些企业在大力推动人才变革的同时，也推动了人力资源与业务的双向轮岗，让有潜质的人才到业务或其他职能部门轮岗学习，也要求优秀的业务领导到人力资源部门历练。

此外，我们还有两项建议：

其一，将 G3 模式应用到具体业务。把由 CEO、CFO 和 CHRO 组成的三人核心小组推广到每个业务单元，让各业务的人力资源也能得到应有的重视及相应的提升。

其二，提升 CHRO 待遇。如果你真的认为人才与资金一样重要，甚至更为重要，那么掌管组织人才的 CHRO 的待遇水平，就不应与掌管资金资源的 CFO 存在显著差距，也不应远低于其他高管。是时候给真正卓越的、能为组织创造巨大价值的 CHRO 涨薪了。

寻找卓越的 CHRO

重塑人力资源，光靠人力资源自己不行，CEO 也得大力支持。在公司顶层组建 G3 就是非常关键的一步。然而 G3 的成功是有前提条件的，即 CHRO 必须够格。那么什么样的 CHRO 才算够格，才算卓越，才能赢得大家的尊重，才可堪此重任呢？

拉里·科斯特洛就是一位卓越的 CHRO。他在人力资源部门有 45 年的工作经验，最早是在 UPS 公司的夜班岗位兼职，负责卡车装卸工作。回忆起自己的早年生涯，他说："具体业务工作其实都很简单，但一涉及人就复杂了。"后来，他先后加入了百事可乐、金宝、特灵以及泰科公司，逐步成长为业界顶级的 CHRO，真正成为 CEO 的合作伙伴，为 CEO 出谋划策。2015 年，泰科公司 CEO 乔治·奥利弗将其誉为"最具战略思维的高管之一"。

今天卓越 CHRO 的首要标准就是必须像优秀业务领导一样精通业务。如果达不到这个标准，重塑人力资源恐怕很难达到预期效果。怎样才算精通业务呢？看看科斯特洛就清楚了。他认为，"很多传统的人力资源领导把自己局限于组织人才、流程培训等领域，对公司战略等业务议题很少参与。这样一来，就失去了与业务团队并肩战斗的机会，更谈不上在实战中证明自己的价值了。我们负责人力资源部门，肩上的职责不是建设人力资源部门，而是帮助组织提升人力资源能力；我们的工作重点也不应仅从人力资源自身出发，而是要从业务的角度，看看做什么最能帮助业务提升”。

科斯特洛的职业生涯可谓丰富多彩。在人力资源的本职工作基础上，他还领导过业务运营，业务与区域整合，海外市场拓展以及公司战略规划。他说：“人力资源负责人要想赢得大家的尊重，就得真的懂业务，懂得如何在业务发展中释放人才的作用。你还得有能力进行数据分析，有意识深入一线与业务人员接触交流，有勇气在业务及战略讨论中发言，帮助大家把握战略方向。但现实情况是，很多人力资源一谈到业务和战略还是有点底气不足。”

科斯特洛是卓越 CHRO 的典型代表。他真正赢得了大家的尊重，已成为 G3 的核心成员、CEO 的亲密战友，在战略业务、组织人才等重大议题上为企业创造了巨大的价值。在他身上，充分体现了卓越 CHRO 的 8 个要素：

• 精通业务：经过历练考验，管理过一线业务，懂业务，懂战略，能在做好人力资源工作之余，参与讨论并领导相关工作。

- 识人用人：善于发现人才，分析各自特点，做到人岗匹配，把优秀的人放到适合的岗位，让其释放潜力、创造价值。
- 组织诊断：善于洞察组织，发现潜在问题，挖掘根本原因，能迅速处理并加以纠正，对做得好的也能公正地予以嘉奖。
- 外部人才：拥有外部视野，关注外部人才，坚持内外比对，意在持续提高核心人才水平，持续提升组织能力，保持竞争优势。
- 正直勇敢：秉承正直诚实，敢于打破现状，提拔年轻高潜；敢于打破传统，推动组织变革；敢于出于公心，对 CEO 直言不讳。
- 不计私利：能从大局出发，不计个人名利。
- 胜任 G3：愿意接受挑战，参与顶层研讨，有能力把组织人才与资源配置、业务运营及公司战略结合起来，在关键议题上共同决策。
- CFO 协同：理解财务工作，对数据较敏感，能与 CFO 紧密合作，一起管好企业经营的两大资源——资金和人才，真正成为 CEO 的好帮手。

要想 G3 发挥作用，CHRO 和 CFO 必须紧密合作，把企业经营的两大资源管好、协同好。第一章中讲过麦格劳－希尔公司的案例，从中可以看出 CHRO 和 CFO 的通力协作，在领导公司走出困境方面发挥的巨大作用。第三章中讲过的安进公司对此也很有心得。该公司 CHRO 麦克纳米认为，CHRO 和 CFO 应该经常沟通，共同探讨，比如，“在业务经营及组织运作方面，还有哪些提升空间？推进调整速度够不够快？市场拓展力度够不够大？其实，业务领导有很多想法，也想做调整、做变革，我们也需要跟他们同频思考，在组织人才及资源配置上予以他们必要的支持”。在安进公司，人力与财务的紧密合作，已经从 CHRO 和 CFO 的层面推广到了基层。这两大职能团队经常在一起交流，从不同角度分析业务，协同开展工作。该公司的薪酬激励方案就是双方合作的结晶。

罗马不是一天建成的，人力与财务的紧密合作也需要时间，逐步形成，逐渐巩固。麦克纳米说：“人力与财务之间的相互信任、相互坦诚、相互合作的确需要时间，但我很有信心。

在组织变革的实践中我发现，很多事一开始的确会有点慢，会有点痛苦，但一旦形成良好势头，向前推进的速度会非常快，而且成效也会远超预期，会让你深刻地感到之前下的功夫是非常值得的。苦尽甘来，真是如此。”

G3 成败的关键在于 CEO，你必须有意识地大力推动 CHRO 和 CFO 的协同合作。第二章讲过葛兰素史克公司的案例。该公司前 CHRO 丹 · 费伦说：“在很多公司里，CFO 根本没想过要跟 CHRO 合作，当然那些 CHRO 也没有动过这个心思。”作为 CEO，在 G3 讨论中，你得留心观察，看看在提出建议时，他们俩是各自为政还是事前讨论过；在互动关系上，他们俩是平等沟通还是其中一人更为强势；在业务能力上，CHRO 是否了解财务，是否有战略思考能力，CFO 是否关心组织人才，是否理解两大资源的相互关系；在推动变革上，他们俩能否紧密合作，真正成为你的左膀右臂。如果不是，CEO 必须出手解决。必要时，甚至需要换人，换一位或两位都换。在这个层级上做人员调整，必然是艰难的，但也是值得的。正如费伦所言：“如果能把企业经营的两大资源——资金和人才，管好用好协同好，将能极大地助力业务发展，帮助组织成功。”

借助数据加深洞察

HR 要受人尊重，要为企业创造更大价值，得在其本职领域，尤其是关键人才的选用育留方面，提高能力，加深洞察。比如，选人招人时，最适合企业的人才，长什么样？招聘决策时，需要哪些数据分析，来判断某人该不该招，该给什么水平的薪酬待遇？高潜培养时，该为其设计什么样的职业发展路径，更有利于快速成长及人才留存？这样的问题不仅限于关键人才，管理基层员工，比如销售、客服及行政文员，也面临类似的挑战。

第一章着重介绍了领导者在新时代推动组织人才变革的三大抓手，其中之一就是充分借助智能技术。这样的大趋势，已成为 HR 领域的共识。最近《哈佛商业评论》做了一项调研，在受访的 230 位 HR 高管中，一半以上都表示，未来几年的工作重点之一，就是提升 HR 的数据分析能力。很多 CHRO 已开始着手招聘智能技术专家，尤其是数据分析专家。甚至有的企业特别成立了数据中心，其中汇集了数据科学、统计分析、人工智能及机器学习方面的专家，通过智能技术及数据分析，加深对组织人才的洞察，帮助解决业务问题。虽然投入不菲，但这样的数据分析及技术能力，在选人招人、用人育人、考核评价等方面，已显示出巨大的威力。

就拿员工学习发展为例，过去的做法是一刀切，毕竟这么多人，哪有时间精力做到量身定制，就算有时间，成本也太高。现在有了智能技术及数据分析，人才培养完全可以细到个人，做到因材因时施教，在最需要的时候，给予最及时的个性化指导，而且成本还不会太高。

当然，目前的数据分析还主要基于历史数据分析过去，而发展的趋势无疑是预测未来。比如，预测人才潜力不仅能帮我们突破部门条块格局、组织层级距离，真正做到不拘一格降人才，还能帮我们更精准地规划人才梯队及关键岗位后备，避免我们把优秀的人放到错误的岗位上。如果有独立的数据中心专注于此，技术发展速度预计会更快，对公司业务的贡献应该会更大。

在这方面，很多领先企业正在悄悄发力，百事可乐就是其中之一。第一章讲过百事可乐的案例，沙克蒂·乔哈尔是该公司的 SVP（高级副总裁）。他说："通过智能技术及数据分析，我们能通过手机端的应用把相关洞察及建议举措，实时发送给每位业务领导，让他们随时把握人才的整体情况。出现问题，比如某地区人员流失率激增，也可以更快地得到解决。"

当然，无论技术发展多么迅猛，数据分析多么精深，要想技术发挥作用，还得有人愿意用这些数据分析，能够将其转化为有效的洞见，转化为对业务发展有用的具体建议。这与人力资源传统的工作方式非常不同，需要人力资源在日常工作中转换新思路，运用新方法。说起来容易做起来难，推动改变切不可想当然。在这方面，给人力资源相应的培训，帮助他们建设新的能力，乃至打造新型的人力资源人才梯队，都是非常必要的。

区分两类人力资源工作

在 CEO 和 CHRO 重塑人力资源的过程中，要对人力资源的各项工作进行梳理，有意识地将其分成两类：一类是行政性的、重复性相对比较高的工作，如工资福利、薪酬激励、政策规定、员工帮助等；另一类是战略性、创造性相对要求比较高的工作，如人才战略、组织诊断、学习发展、团队建设、关键人才招聘、绩效管理及激励政策等。当今时代对人力资源的战略性工作提出了更高的要求，要求人力资源能从业务发展及公司战略的角度出发，为企业创造更大的价值。因此我们建议，不妨将人力资源部门拆分为两个部分，分别专注于两类不同的人力资源工作。行政性人力资源工作当然也重要，而且非常必要，但光做好这部分工作还不够，要想组织持续发展，战略性人力资源工作必须做好。

过去，对战略性人力资源工作的重要性大家都有认识，但实际工作中，人力资源的苦衷是由于两类工作没有分开，很多人力资源的时间、精力和资源，都消耗在了行政性的人力资源工作上。在这方面，这个时代给了我们很多新的工具方法，可以帮助人力资源从那些枯燥的、重复性的、低价值的工作中解放出来，更好地聚焦战略性人力资源工作。

比如，借助智能手机及移动互联网，很多过去需要人力资源手工处理的繁重的行政性工作，可以通过手机端 App 由员工自助完成，比如过去的职业经历、相关的技能水平、参加过哪些培训课程等。相比过去常见的见面及电话沟通，很多年轻人更习惯用手机 App。让他们自己输入，自行操作，不仅是与时俱进的表现，也体现了公司对他们的信任。信任是这个时代的关键词之一，应当给予员工更多的信任。在我们采访过的 CHRO 中，有一位对是否该取消多项人力资源主导的审批流程心存疑虑。当被问及这些审批为什么必要，为什么需要人力资源当“警察”时，她的回答是：“我想，我们还信不过这些经理。”对于现在还这样想的人，你必须高度警惕，他们是无法胜任今天的 CHRO 的工作的。

外包或向低成本地区转移，也是解决行政性人力资源工作、降低人力资源成本的好方法。有家领先的全球农业企业曾重金聘请外部顾问，帮助其位于美国及西欧的相关部门设计定制化的学习解决方案。后来他们发现，在印度，相同领域的专家不仅水平更高，而且费用低很多。依循同样的思路，麦肯锡在美国的佛罗里达州、波兰和印度成立了共享服务中心，集中服务遍及全球 60 个国家或地区的 26000 多名员工。

对于重复性、低价值的人力资源工作，自动化将是杀手级的终极解决方案。很多原来需要人工处理的工作，借助智能技术，比如自然语言处理、机器认知分析、机器人流程自动化等，在很大程度上甚至可以完全交给机器自动处理。比如，机器人流量自动化软件可以跨越链接多个系统、多个应用、多个模板、多个数据源完成工作，不需要人工调取数据、人工比对及人工分析。再比如，员工入职，过去这是一项涉及多个部门、手续极为繁杂的工作，通常得耗时好几周。美国一家领先的快消品公司通过自动化改造，能够实现自动触发，什么时候哪个部门该发什么邮件，该进行哪些沟通，都会按照流程节点自动完成，新入职的员工不需再等人工处理就能得到及时回复。在强生公司,2/3 的行政性人力资源工作已经实现了自动化。百事可乐公司也在大力推进，沙克蒂·乔哈尔说：“借助各种智能技术，我们大幅提升了人力资源工作效率，人力资源后台服务成本降低了 20%。我们再也不需要在多个系统之间，通过人工比对，确保数据的一致性；有了新数据，也不需要人工在各个系统里逐一更新。这样一来，人力资源的时间、精力就能极大地得到释放，就能更好地聚焦于战略性的人力资源工作。”

事实上，随着技术迅猛发展，行政性人力资源工作的效率提升速度将远超想象。因此，有的企业选择了提前布局，成立共享服务中心，同时向 CHRO 和 CFO 汇报，不断提高效率。当然这样的做法未必适合每家企业。

关于区分两类人力资源工作，最后需要强调的一点是，在行政性人力资源工作提效的同时，不能忽略战略性的人力资源工作。如果技术投入只是为了节省成本，实在是太过可惜。节省出来的成本，应该投入到高价值的战略性人力资源工作中去，这样才能为组织创造更大的价值。

人力资源业务双向轮岗

过去，很多公司招人才基本都是做重复性高的行政性人力资源工作，因此懂不懂业务、懂不懂战略都不是必需的要求，而且懂业务、懂战略的优秀人才多半也不愿意做人力资源工作。然而时代不同了，组织对人力资源提出了更高的要求，这不仅要求 CHRO 必须精通业务，人力资源部门的整体能力也必须提升。光辉国际最近的一项调查发现，如何提升人力资源的业务能力是最大的挑战，有 41% 的 CHRO 表示很难找到精通业务的人才。

切实提升人力资源的业务能力，的确是任重道远，毕竟人力资源的传统工作主要是发工资、做福利、讲解公司的各项规定、推动企业文化及行为要求落地等。很多人力资源员工可能从来没有想过自己要懂业务，要能进行战略思考，要像生产、营销等部门一样为组织创造价值。推动人力资源部门的转型升级也要面对现实。有些人力资源通过培训，可能可以逐步了解业务，逐步形成战略思维，但有些可能真的难以完成这一跨越。

要想重塑人力资源，作为 CEO，就要与 CHRO 一起，重新定位人力资源的角色和职责。要像本章前面讲过的卓越 CHRO 代表拉里·科斯特洛那样，敢于参与，敢于创新，为业务发展、企业成长做贡献。人力资源要主动思考业务，借助数据洞察组织人才，提升选、用、育、留的精准度及有效性，为最优秀的人才创造最合适的机会，让他们为组织创造更大的价值。要确保人力资源部门中有能够担此重任的人才，CHRO 就得突破既往模式，从多种渠道吸引人才加入人力资源部门。比如，谷歌公司前首席人才官拉斯洛·博克就用了“3 个 1/3”的方法来打造人力资源，即 1/3 的谷歌人力资源是传统人力资源背景，1/3 来自战略咨询公司，还有 1/3 则是数据分析方面的专家。

除了拓展招募渠道，你还要想怎样才能吸引优秀人才加入人力资源，让人力资源有能力为业务创造价值？你要的是那些能够真正成为业务合作伙伴的人力资源，你需要他们有好奇心，精通业务，了解赢利模式，擅长组织人才，愿意参与业务讨论，敢于提出自己的观点。这是很高的要求，能达到的都是非常优秀的人才，那么他们为什么要加入人力资源部门呢？这就需要你与 CHRO 一起重新设计人力资源部门的职业发展路径。

人力资源要贴近业务，要为业务创造价值，这个口号已经提了 20 年，为什么到今天还没有做到呢？原因之一就是有业务或其他职能经验的优秀人才不愿意加入人力资源。结果在实际工作中，很多 HRBP（人力资源业务合作伙伴）都是从人力资源干起的，他们受到的职业训练大多是如何做好人力资源服务工作，缺乏业务或其他职能的相关经验。

面对这样的现状，你要做的是打造新型的人力资源人才梯队，让精通业务、有战略思维的人来做人力资源工作。解决这个问题最有效的方法之一就是双向轮岗，让业务领导做人力资源工作，让有潜质的人力资源去业务部门历练。

要建立这样的轮岗机制，光靠人力资源部门是无法落地的，必须由领导者亲自推动，而且背后还得有董事会及高管团队的大力支持。毕竟人力资源转型之类的高大上口号，喊了那么多年也没什么实际成效，大家心存质疑也在所难免。这就需要在政策导向上做文章，CEO 要与 CHRO 一起推出促进政策，比如要想担任人力资源部门的高层领导，就必须要有业务或其他职能的工作经验；要想担任业务部门的高层领导，就必须要有人力资源部门的工作经验。

哈门那公司（Humana）是美国健康保险巨头，该公司 CHRO 蒂姆·胡瓦尔非常清楚自己的人力资源人才梯队急需更新升级。新型人力资源应有更宽阔的视野，能够从未来业务发展的角度思考哪些人才方面的举措最能帮助业务提升赢利能力。他希望创造一种新的组织氛围，让大家感到人力与业务不是对立的。他说："我不认为人力资源是低人一等的支持部门，在我看来，人力资源应该与其他职能地位平等，应该像其他职能一样切实为组织创造价值。也许在别人看来，这样的想法有些疯狂，但我真是这么想的。"他加入公司担任 CHRO 之前，在美国银行负责运营工作。

在 CEO 布鲁斯·布鲁萨德的强力支持下，胡瓦尔启动了轮岗机制。他说："让人力资源有机会深入业务或其他职能工作，对于打造新型人力资源人才梯队，建设面向未来的组织能力非常有益。"关于轮岗，他并没有强行要求，而是阐明道理，鼓励人力资源主动请缨。轮岗当然有好处，但也要打消大家的后顾之忧，即出去轮岗之后还回不回得来，将来人力资源部门还有没有自己的位置。对此，他郑重承诺，轮岗期满可以自由选择，想回人力资源部门的，他欢迎；想留在业务或其他职能部门的，他也支持。

2013 年初，公司正式启动了轮岗机制。截至 2017 年中，共有 130 人参与其中，既有从人力资源部门轮岗出去的，也有从其他部门轮到人力资源部门的，轮岗人数占人力资源部门人员总数的20%。我们访谈了其中一位，她叫安吉拉，是IT部门的人力资源经理，她去医疗保险质量部门轮岗了一年，之后回到人力资源部门，担任HRBP。该部门主要负责与医生互动，确保他们为购买了医疗保险的客户提供优质的医疗服务。安吉拉在那里工作一年后，极大提升了复杂项目管理及客户关系拓展的能力。

谈到轮岗，安吉拉说这段经历让自己收获很多，不仅能让自己从另外的视角思考人力资源工作，看到组织人才对一线业务的影响，还提升了自己的战略思考能力，使她开始更加关注外部环境的变化，主动思考组织如何应对。有一次，她注意到一些宏观大环境的发展趋势可能会影响部分员工的签证申请，于是她主动推动了公司相关规定的相应调整。在业务部门的轮岗经历，让她学会了用做业务的方式处理问题，不仅从部门的角度还要从公司整体的角度思考解决方案。安吉拉说："轮岗之后，我会从业务负责人的角度来考量人力资源工作，深入思考到底哪些组织人才举措最能为业务创造价值。对于人力资源相关工作，我也不会局限于自己的汇报部门，只专注于如何达成自己的业绩目标，而是会主动地从整个人力资源体系、从公司大局出发，思考如何为业务发展、为组织未来做出更大的贡献。”安吉拉身上的变化，大家有目共睹。她的直接领导、公司人力副总裁罗杰·库德评价说：“轮岗后，安吉拉的能力有了显著提升。她学会了如何从业务的角度想问题，理解了怎样才算优秀的HRBP，怎么做才能成为业务的好伙伴。”

哈门那公司的轮岗是双向的，不仅有人力资源员工轮岗到业务部门，也有业务部门的优秀人才轮岗到人力资源部门。这样的双向人才流动好处很多，其中最显而易见的就是，业务领导对人力资源工作有了亲身的体会，对人才工作有了更为具体的认知，对业绩目标的制定、业务绩效的考核和组织文化的推动等重点人力资源议题有了更为深入的了解。经过相互轮岗，大家的深刻共识是，招聘环节实在是太重要了，招到正确的人是一切工作的起点。2016年初到2017年中，有20多位业务领导到人力资源部门轮岗，占人力资源人员总数的5%。

让人才到业务及其他职能轮岗，能够有效拓展他们的视野，帮助他们加深对组织运作的了解，提升他们分析洞察的能力，使他们的组织人才工作更能为业务发展创造价值。打破人力资源职能竖井，推动优秀人才在人力资源、业务及其他职能之间流动，有助于人力资源效能的整体提升，对重塑人力资源意义重大。百事可乐的乔哈尔说："现在人力资源部门最想招的人才已不同以往。比如我就特别希望招学理工或有数据分析背景，且有项目管理经验的人。就我个人观点而言，如果人力资源部门能多招募这样的人才加入，将能极大地促进 HR 数字化转型。"

哈门那公司的胡瓦尔推出的双向轮岗，无疑有助于人力资源的整体素质提升。但要想吸引最优秀的人才加入人力资源，这样做还不够，还需要更为深刻地改变人力资源的角色定位，把公司顶层的 G3 机制推广到业务之中，深化人才管理变革。

将 G3 模式应用到具体业务

要让人才管理变革真正落地，需要把公司顶层的 G3 机制推广到每个业务单元，成立由业务、财务及人力负责人构成的三人核心小组。在各业务单元 G3 中，人力负责人的角色不应只是传统意义上的 HRBP，不能只给业务负责人提建议。正如 CHRO 要成为 CEO 的亲密战友一样，各业务单元的人力负责人应该是业务单元 G3 的核心成员，是关键决策的重要推手。

为区别于传统的 HRBP，我们给这些业务单元人力负责人起了个新的名字——人才价值官（TVL）。在各业务单元中，他们会主导组织人才的相关决策（当然最终决策，比如招谁不招谁，还得由业务领导说了算），要对组织绩效及人才绩效负责，比如员工敬业度、流失率、关键能力差距、组织效能提升、业务单元的整体业绩等。

需要特别提醒的是，各业务单元的人力资源团队，尤其是TVL本人，也应当有意识地区分两类人力资源工作，千万不能完全陷入行政性的人力资源工作中。一定要充分借助新技术，尽可能提高人力资源工作的自动化程度，尽可能多地用数据加深组织人才洞察。否则，即便TVL自己想参与业务讨论及重要决策，也会心有余而力不足，更谈不上花时间做好重点战略性人力资源工作了，比如组织诊断、人才梯队打造、制定人才发展相关政策等。

如果永恒的变化是新时代的主题，那么每个业务单元都必须时刻做好灵活调整的准备，而每个灵活调整都需要人才的及时配合与有力支撑。这就是当今时代赋予这些TVL的责任，需要他们有冲劲、有胆识、有能力招到业务转型升级急需的关键人才，有魄力为他们量身定制最适合的岗位及组织架构。如果给他们更多的空间，他们会积极地从优秀毕业生中，从业务或其他职能部门寻找并争取优秀人才，快速充实提升人力资源团队。

人才管理变革能否在企业里生根发芽、开花结果，很大程度上取决于这些身处各个业务单元的 TVL——他们是变革成败的关键所在。

提升 CHRO 待遇

合益集团做过一项研究，分析了年收入在 50 亿 ~200 亿美元的公司中，CHRO 与 CFO 的收入水平。结果发现，与 CFO 相比，CHRO 在薪资待遇方面差距显著（详见图 4–1）。光辉国际北美地区高管薪酬及公司治理业务负责人艾维·贝克说：“很显然，CHRO 的价值被普遍低估了，他们的薪资水平通常只有 CFO 的 50%~60%。在招聘 CHRO 时，这么低的待遇很难吸引到业绩出众的业务领导加入人力资源部门；在选择 CEO 接班人时，通常也不会考虑 CHRO。”

人才管理变革，重塑人力资源，让人力资源为组织创造更大的价值，需要卓越的 CHRO，需要更多的优秀业务领导到人力资源部门轮岗，通过人才的历练，为他们将来担任公司高管甚至接任 CEO 做好准备。既然如此，这就是 CEO 必须面对、必须推动董事会共同解决的问题。如果你不解决，自然有其他企业会解决，那么即便你有卓越的人力资源人才，恐怕也留不住。

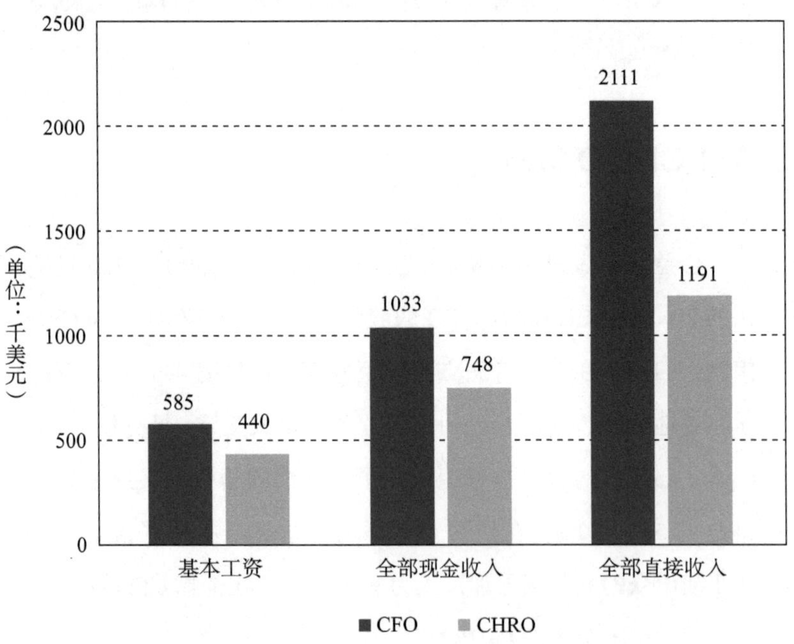

图 4–1　CFO 与 CHRO 的收入对比（中位数）

数据来源：光辉国际、合益集团、PayNet（一家通过金融机构向市场提供服务的电子支付处理系统）

在《财富》全球500强企业中，人力资源出身的领导者屈指可数，比如通用汽车公司的玛丽·巴拉、施乐公司的安妮·麦卡伊及宝马公司的哈拉特·克吕格尔。本书前言提到过的美国密歇根大学教授戴维·乌尔里克是人力资源领域的知名学者，他曾和全球顶级的猎头公司光辉国际联手，分析研究了后者在其猎头服务中做过的高管候选人评估，其中包括思维方式、领导风格及性格特点等多个维度。结果发现，在所有高管中，从综合素质上看与CEO相似度最高的，除了首席运营官，就属CHRO了。乌尔里克说："这个发现非常有意思，之前我们谁都没有想到。"

如果CHRO真的非常卓越，能够把组织人才和业务经营结合起来通盘思考，并能结合内外部动态灵活调整，那么考虑CEO接班问题时，就应该将其作为候选人之一。也许CEO从来没有这么想过，毕竟按既往传统，再怎么也轮不到CHRO接班。但时代不同了，如果今天真的是人才为王，那么由精通组织人才的人担任公司领导者也顺理成章。即便还没想到这一层，也要赶紧为那些卓越的CHRO提升待遇。让他们只拿CFO一半的薪水，实在有失公平，也不是长久之计。

****

本章小结

重塑人力资源是项工程，需要领导者自上而下的顶层推动。过去，大家对人力资源工作普遍不太重视，对人力资源为组织创造价值也没抱多大的期望。要想变革，真正重塑人力资源，CEO 还得找到卓越的 CHRO，与之并肩作战共同推动，让其真正成为深受自己信赖的亲密战友。

重塑人力资源的过程中,CEO和CHRO要特别关注以下几点。

人力资源有没有充分借助智能技术及数据分析，加深对组织人才的分析洞察。对此尤其要关注的是，这些数据分析是仅限于分析过去，还是被用于预测未来，有没有实现个性化的识人育人能力。

人力资源有没有清晰区分两类人力资源工作，有意识地把自己从枯燥的、重复性的、低价值的行政性人力资源工作中解放出来，把更多的时间、精力投入到更能为组织创造价值的战略性人力资源工作中。过去评价人力资源工作，主要看的是能否把行政性工作做好，但现在对人力资源工作要提出更高的要求，尤其是需要人力资源懂业务，需要招募懂业务、有战略思维的人加入人力资源团队。这是个长期存在的问题，究竟如何解决呢？实践证明，人力资源与业务双向轮岗是最有效的方法之一，这需要 CEO 和 CHRO 的大力推动，需要以身作则地让大家认识到人才工作的重要性。人力资源能与其他重要职能一样为组织创造价值，在人力资源领域的经验和历练将使自己未来的职业发展受益良多。当然在这个过程中，也需要解决 CHRO 的待遇问题，否则的确很难吸引优秀人才加入人力资源团队。

人才变革不能仅停留在公司层面。要想深化，可考虑在业务单元的层面推广 G3，由业务、财务及人力负责人组成各业务单元的三人核心小组。为区别于传统的 HRBP，我们将这些业务单元人力负责人称为 TVL。在各业务单元的 G3 讨论中，他们也要像 CHRO 那样，主导人才的相关决策，参与业务及战略讨论，成为业务单元负责人的亲密战友。

只有领导者，才能重塑人力资源。但凡领导者自己不上心，将之丢给人力资源部门，成功的可能性将大幅降低。其实经过这么多年，提起人力资源转型变革，大家都觉得有点老生常谈，基本没抱多大的希望。作为领导者，如果你真的有决心彻底解决这个问题，真正重塑人力资源，就必须把这样的信念传递给整个组织，让大家达成共识，形成合力。重塑人力资源，提升人力资源整体素质，强化人力资源人才梯队，对人才管理变革至关重要，能极大提升企业在选人、招人、用人、培养人等方面的组织效能。下一章将为你详细阐述。

第五章

内部人才是企业发展的强大基石

当今时代，人才为王。企业未来命运在很大程度上取决于是否能形成有效的机制与方法，助力组织人才持续提升。这要求企业不仅要营造良好的组织环境及氛围，让优秀人才能够脱颖而出，还要大力借助各种智能技术，为他们提供个性化的辅导培养、薪酬激励以及发展规划。人才培养应当是动态的变化过程，特别需要持续性的即时反馈。

当今时代，人才为王，企业未来命运在很大程度上取决于是否能形成有效的机制与方法助力组织人才持续提升。正因为其重要性远超以往，所以应当成为领导者亲自关注的重点工作。这不仅要营造良好的组织环境及氛围，让优秀人才能够脱颖而出，还要大力借助各种智能技术，为他们提供个性化的辅导培养、薪酬激励以及发展规划。当今时代，“单客经济”成为趋势，我们对客户做到了千人千面，针对每位客户的不同需求提供不同的产品服务及体验。既然优秀人才决定组织命运，我们是不是该更加重视他们，该好好想想能为他们做点什么？这虽然是 CHRO 的本职工作，但领导者也责无旁贷。

本章将着重阐述企业如何全面更新内部人才管理方式，确保人才素质的持续提升。新时代有新工具，比如在识人用人时，数据智能可以成为直觉判断的有效补充，不仅能提高准确性，还能实时跟进人才成长，及时进行方向性的引导。在考核培养方面，不管你对每年年底的绩效面谈怎么看，都要意识到每年一次的机制本身就存在缺陷。人才培养应当是动态的变化过程，特别需要持续性的即时反馈。当今时代，企业需要适应不断变化的市场环境，要想立于不败、变中求胜，特别需要人才的强有力支撑，不断与时俱进，持续创造价值。

本章将重点介绍三个方法：一是充分利用智能数据，根据个人特点及岗位需求，做到优秀人才的人岗匹配；二是创新组织人才管理机制，从促进人才成长、推动业绩增长、提升组织灵活性及创造性的角度，重新审视各项传统制度方法，比如年度绩效评估、薪酬激励设计以及职业发展规划等；三是学习提升细化到每位员工，确保组织中的每个人都能不断学习新知，持续成长提升。

当然，我们并不是说，只要用了这三个方法就能一劳永逸。但这些是提升的重点，可以考虑从这些做起。在详细介绍之前，不妨来看看全球最大的资产管理公司黑岩集团（BlackRock）在这方面有什么独到之处。

黑岩集团：内部人才的持续发掘和培养

黑岩集团的创始人兼CEO拉里·芬克一直认为，从长远来看，公司成败取决于能否持续发掘和培养顶尖人才。这么说的人很多，但能像芬克一样说到做到，且常年坚持、常抓不懈的，实不多见。这家全球最大的资产管理公司，在人才管理方面的严谨认真丝毫不逊于其投资业务。管理层在做人才相关决策时，都会既依据系统性的数据分析，也参考主观性的直觉判断，尽可能提高决策质量。与此同时，所有员工也知道公司的各项决策及相关举措，知道公司对其成长非常重视，会给予全力支持。

本书前面讲到，推动人才管理变革必须有顶层共识。在这方面，黑岩堪称典范。不仅CEO亲自推动，还与CHRO紧密合作，并取得了董事会的大力支持。董事会不仅每次都会讨论人才方面的重要议题，而且每年还会专门安排出一天半的时间，对人才工作进行深入探讨。黑岩也在公司顶层组建了核心小组，与G3稍有不同的是，除了CEO、CHRO、CFO之外，他们还邀请了总裁、COO以及战略负责人参加，即G6。每季度的经营分析会，就是由战略负责人主持召开的。除了组内研讨，黑岩 G6 每季度会跟全公司 35 位业务负责人逐一沟通，根据每个业务的不同特点，分析讨论各业务的具体经营情况，比如既定目标是否达成，正在推动哪些战略举措，各项工作是否能有效推动业绩提升。除了 G6，公司顶层还设有全球高管委员会以及人力资本委员会，人力资本委员会有 46 位成员。人力资源部门会与两个委员会一起，共同制定公司整体的人才战略。公司 CHRO 杰夫 · 史密斯说："我可以骄傲自豪地说，我们真正做到了人才与业务的有机结合，把对人的思考融入业务经营的每个关键节点。这么做不仅能促进业务发展，还能帮助人力资源吸引优秀人才，把我们打造成全球最为顶级的人力资源团队。"

黑岩的人力资本委员会是在 2009 年成立的，那时公司刚刚收购了巴克莱国际投资管理（当时全球最大的交易所交易基金投资机构），芬克和史密斯希望通过这个临时性的委员会，快速推动巴克莱与黑岩的业务整合。由于效果非常好，两人决定将人力资本委员会改成常设机构，全面领导公司的组织人才工作。黑岩首席人才官马特 · 布莱特菲尔德介绍说，人力资本委员会是由各业务各职能的负责人亲自坐镇，其中既有资深投资专家，也有技术大牛；既有各大业务的负责人，也有职能部门的负责人，通常一届任期两三年；人力资本委员会的主席则由史密斯和肯·威尔森亲自出任。史密斯说："你要知道，能让威尔森这样的华尔街传奇人物专注于组织建设、人才培养，必要时还亲自辅导高潜人才，是多么难得。"

人力资本委员会是黑岩人才管理体系的核心，负责推动所有公司级的相关工作，比如企业文化、梯队建设等。人力资本委员会决策时，会结合严谨的数据分析和直觉性的观察判断，把所有相关因素，如绩效管理、企业文化、人才培养、内部调动、外部招聘、过往业绩、员工多样性等，结合起来通盘考虑。比如，在员工多样性方面，人力资本委员会启动了旨在支持帮助女性领导的专项工作。从项目设计到推动跟进，再到成效评估，人力资本委员会全程参与。这个项目成果喜人。调研结果显示，相比没有参加该项目的女性领导人，参加项目的人赢得了更多的职业成长和职位晋升机会，工作满意度更高，甚至超过了男性领导人。

黑岩非常重视每年一度的员工调研。为此人力资本委员会会安排专人负责，与人力资源的数据分析专家一起精心设计问卷，从制度流程到个人成长，全方位地收集员工的各项反馈，系统性地找到亟待解决的重要问题。通过调研结果分析，尤其是比对历史数据，一些趋势性的诉求显现出来，比如在职业发展方面，大家希望获得更多的学习机会；在技术升级方面，希望更快、更与时俱进；在个人成长方面，希望主管经理花更多时间，用一对一的方式对自己进行指导反馈。一旦确定了重点提升的领域，人力资本委员会就会与人力一起逐一解决。此外，这些调研结果、提升重点以及相应的解决方式等，也都会向全员公开，做到完全公开透明。极度透明、信任员工也是时代的大势所趋。信任是一种力量，能更好地激发员工。2017年，员工调研的参与度高达97%。绩效及文化工作负责人卡梅伦·雷克斯说："公开这些信息能让每位员工看到，公司对自己的反馈意见非常重视，会切实付诸行动加以改进。随着数据不断积累，今后不仅能分析历史情况，还能预测大家对组织调整可能产生的反应。"

黑岩把自己在投资业务中的严谨认真用到人才工作上。正如顶级投资人在评估投资机会时，需要同时考虑数据分析及直觉判断；在人才决策时，也不能拍脑门、凭感觉，必须看数据、看业绩、看真凭实据。除了很多公司都会看的历史业绩、人才培养，黑岩还很重视投入度、使命感、企业家精神，以及是否能带出更多的优秀领导。首席人才官布莱特菲尔德说："针对优秀领导人才，我们会问，'此人是否善于培养人，是否善于培养领导人才’。如果是，我们会追问，他带出来的优秀领导都有谁。我们希望创造一种组织氛围，不断挑战自我，不断激发潜能，通过有针对性的反馈指导，让所有人不断进步，持续提升。”

在人才方面，黑岩已经形成了持续自省的组织氛围和管理机制。在公司层面，史密斯和布莱特菲尔德会在全球高管委员会以及人力资本委员会的指导监督下，定期分析公司及各业务的人才整体状况；在业务层面，各业务也会定期自我检视，看看哪些能力存在短板，哪些能力需要加强，能否支撑公司整体的战略布局及业绩目标；在个人层面，大家都会依据公司的四大组织原则自我审视。2012 年，在人力资本委员会的领导下，前后有 400 位员工参与了组织原则的制定。这样的持续自省并没有打击员工士气，因为公司为大家创造了很多学习提升的机会，以及接受教练辅导的支持。

前面几章我们谈到，那些把人才放在第一位的领先企业都在持续不断地自我更新。这种持续提升的独特活力非常重要，对组织、对个人都是如此。在这方面，黑岩要求每位员工每年提出本年度自我提升的三个重点，同时，公司也会制定本年度人才方面的三项任务。员工能力越强，信心越强，工作投入度越高，业绩结果也会越好；员工能力越强，业绩越好，成长就会越快，就会有越多的优秀人才涌现出来。这些优秀人才不仅能自我成长，还能带出更多的优秀人才，形成强大的正向循环，确保组织基业长青，持续发展。布莱特菲尔德说："公司创始人兼 CEO 芬克目光长远。他最看重的是公司现在能形成良好的组织氛围，建立良性的组织机制，帮助公司未来的领导坚持做正确的事，支撑公司未来的业绩长盛不衰。"

黑岩公司的案例的确非常难得，向我们全面展示了一家真正重视人才的企业，在新时代会做什么以及怎么做。他们之所以能说到做到，核心在于：其一，他们坚信人才是决定企业未来的关键，当期业绩也好，未来发展也罢，归根到底还得靠人；其二，他们坚信人才需要持续提升，CEO 及最高管理层尤其要全心投入、以身作则。

费这么大劲究竟值不值呢？黑岩的业绩就是最好的明证。2009 年收购完成时，公司资产管理规模是 2.7 万亿美元。截至 2018 年底，公司资产管理规模已高达 6 万亿美元，一跃成为全球最大的资产管理公司。

讲完了黑岩案例，让我们来逐一介绍内部人才持续提升的三个方法。

充分利用智能数据

人岗匹配的重要性可谓不言自明，对于2%的关键人才，这项工作的意义则更为重大。针对每位关键人才，企业必须持续思考：现在的岗位是否适合他们？是否有足够空间让他们创造巨大价值？是否有足够的挑战，历练他们未来所需的关键技能？他们的领导能力有没有提升，是否培养出了新的领导人才？如前文所述，今天，领导者需要特别关注这些关键人才，帮助他们持续成长，不断提升。从这个意义上说，领导者像是一位园丁，想要花园枝繁叶茂、花团锦簇，就得用心栽培、因材施教。否则，自然有别人为人才创造更好的机会。

新时代有了新工具，在识人用人方面，智能技术可助你一臂之力，比如前文讲到的黑岩公司。面对新生事物，自然有人心存怀疑。如果你也这么想，不妨想想晋升调岗等关键人才决策，现在是怎么做的；不妨扪心自问一下，你和人力资源是否了解公司所有关键人才的最新动态。如果不是，那么你和人力资源及其他领导如何确保对这些关键人才做到了人岗匹配；在这些岗位上，这些关键人才是否得到了足够的挑战和有力的指导，来帮助他们快速成长；公司在人才管理方面是否做到了和黑岩一样的严谨认真。面对上述问题，也许很多公司的回答都是否定的。如果公司也如此，也许应该在 G3 会议上认真讨论，如何在人才管理方面充分借助智能工具，实现系统性的数据分析。最近一项调研覆盖了全球 3000 多位企业高管及股票分析师，结果表明，业绩好的企业在数据分析方面的投入是业绩差的企业的 5 倍之多。

工欲善其事，必先利其器。生产工具的革命会带来生产力的大幅提升。正如 20 世纪 80 年代，数据分析软件 Lotus 1–2–3 的出现彻底改变了财务人员的工作方式。当今时代，智能化的数据分析工具也会极大地改变人才的决策方式。下面这些例子能帮你打开思路，让你看到有了这些智能工具，企业在人才决策方面真的能做到和资金决策一样的科学严谨。

Clustree 是一家法国创业公司，能通过云端软件帮助企业扩宽视野，精准找到最适合某一岗位的候选人。该公司的客户包括全球媒体巨头 Canal+、电信巨头 Orange，以及意大利油气行业巨头埃尼集团。他们能系统性地收集所有员工信息，比如简历、工作经历及其他公开信息，然后根据具体的岗位需求筛选出最适合的候选人。基于数据分析，很可能发现某位营销经理，因其能力、经历，尤其是某项独特的技术专长，是制造部门某个岗位的最佳人选。Clustree 公司 CEO 说："在职业发展规划方面有很多条条框框，我们就是想打破这些传统的限制。"

借助数据分析，智能工具还能帮你发掘人才。2015 年，微软公司斥资 2 亿美元，收购了一家名为 Volometrix 的创业公司。这家公司能通过基于电子邮件的数据分析，帮助企业提高组织效能。比如，他们会统计每位员工每天花多少时间写邮件，写了多少邮件，收到多少邮件。邮件内容当然是保密的，但通过邮件收发的路径分析，可以帮助 CHRO 洞察组织中的人际网络，发掘可能被埋没的高潜人才。如果邮件数据分析显示，某项目团队负责人在日常工作中，花了很多时间与上级领导及其他部门的同事互通邮件，有可能说明他在组织中人脉很广，在本部门外还受到其他部门的尊敬。当然，这只是一种可能性，还需要人力资源结合其业绩表现和其他信息进行深入分析。但如果没有这种智能分析，也许公司就错失了一位优秀人才。

基于数据的智能预测，可以是观察判断的有益补充。HireVu 是一家创业公司，可以利用算法分析面试视频，洞察候选人的性格特点。Entelo 是一家发源于美国旧金山的创业公司，可以通过网络公开信息，分析预测候选人是否能长期供职。Koru 是一家成立 4 年的创业公司，可以根据企业文化设计问卷，分析判断候选人是否与之契合。

麦肯锡咨询公司还聘请了 Oblong（一家位于美国加州的用户界面设计公司），帮助设计智能系统，把数据分析及主观判断在实际工作中有机地结合在一起。双方合作的成果就是“人才作战室”，即在会议室中安装多块大屏幕，灵活调用展示相关人员的详细信息，快速推演不同人员配置方案可能带来的不同结果，帮助企业更好地思考决策如何组建团队、如何调配人才、如何规划后备及继任安排。该智能系统功能极为强大，不仅能帮你随时调取有关人员的所有信息，比如教育背景、工作经历、优点特长、技能水平、人脉网络等，还能按照你的岗位要求，自动筛选推荐最为合适的候选人。除此之外，也能帮你预测如果任用某人，其业绩结果可能如何，会对组织其他业务或部门产生哪些影响。在决策关键人才的职级晋升及岗位调整时，这样的数据分析及智能推演非常重要，能有效避免考虑不周造成的低级错误和巨大损失。麦肯锡不仅将该系统用于咨询服务，还用于内部项目管理。麦肯锡的工作模式是，针对每个客户需求、每个咨询项目组建一个单独的项目组。鉴于项目成败与项目组的人员配置密切相关，我们就不难理解这个智能系统对麦肯锡的重要性了。

要想使数据分析发挥更大的效能，就需要将其嵌入人才工作的关键流程节点中。什么叫嵌入呢？通常关于组织人才的议题，在公司里是有决策流程的。在决策流程的各个节点，会有不同部门的多位领导参与，比如业务领导、人力资源领导和数据分析专家，他们会根据此人的既往业绩、自己掌握的其他信息及主观判断，给出考评意见，提出决策建议，或做出最终决策。所谓嵌入数据分析，就是要把散落在组织各处的信息整合起来，让大家基于同样的信息基础给出建议意见；对于那些事实性的审核步骤，也可考虑由系统算法自动完成。

以后备培养及继任规划为例，通常，人力资源会先设计好具体的工作流程、工具模板以及必要的培训，帮助大家了解各自的角色分工，了解如何使用工具模板。之后，人力资源会与相关领导讨论每位重点培养对象的具体情况，根据其能力水平、胜任程度以及发展需要，为其安排最适宜的工作岗位。会后，人力资源会根据讨论情况，为每位重点培养对象制订培养计划。很多时候，讨论只是与会双方对这些培养对象的了解及印象，因此很多信息是不完整的。出现岗位空缺或新机会时，人力资源会再次与相关领导见面沟通；有时一忙起来，大家也没时间再见面讨论，也就匆忙决策了。通过上述描述可以看出，在实际工作中，在关键人才决策上，并没有形成完整统一的信息基础，更谈不上科学严谨的数据分析了。

那么，借助智能技术，基于数据分析的人才决策会是什么样呢？方法不同，结果也不同。首先，智能系统根据历年来的后备培养及继任规划信息，分析归纳胜任每个岗位的关键成功要素。其次，再根据这些要求自动筛选候选人，给出匹配度最高的5位候选人，相关推荐信息会被加入候选人档案，供相关决策者参考。最后，基于对每位候选人胜任力的预测分析，还会为其量身制订个性化的人才培养计划。这些基础信息、数据分析及智能推荐的用途很多，比如常规的人才盘点及梯队建设，针对个人的晋升及岗位调整决策，推动公司战略落地时的人才铺排等。

如果使用得当，这样的智能技术能帮助企业显著提升人才管理水平，比如，提升人岗匹配度、促进人才快速成长、减少人为偏见、提升员工多样性等。要达到这样的技术水平，不仅需要资金投入，还需要耐心搭建，因为没有现成的软件系统可以买来装上就立马见效，而是需要内部技术团队利用各种软件硬件，搭建最适合企业实际需求的职能系统。但你要坚信技术的力量，着眼未来，这样的投资一定能创造巨大的价值。

创新组织人才管理机制

通盘考虑人才管理机制，重新审视每项制度政策，对于领导者来说，并不需要手伸得太长、事管得太细。人才管理机制是一个整体，各项相关制度政策必须协同一致。如果其中有些沿袭多年的制度政策已过时落伍，很可能危及整个系统，令其无法有效运转，无法发挥应有的效能。

年度绩效评估

一提到年度绩效评估，很多人都会心生畏惧。调查网站最近的一项调研表明，在受访的3000位英国企业员工中，有1/5的人认为，他们的主管领导在绩效面谈之前根本就没想过要谈什么，感觉是进了会议室才开始想的；还有1/3认为，年度绩效评估根本就没什么实际意义。很多不满源于员工认为主管领导的评价有失公允，而且对他们的意见置若罔闻。造成这种不公平感觉的原因之一，也许是不同的领导给同一员工的反馈很可能不尽相同。光辉国际的RJ. 海克曼说："在绝大多数情况下，不同领导评价同一员工时无法达成共识。如果用1~7分评价员工业绩，1 分最低，7 分最高，很可能出现一位领导打了 7 分，即满分，另一位领导只给了 5 分或 4 分，甚至在一些最基本的方面，两人评价都相去甚远。”这就难怪在德勤最近的调研中，58% 的受访高管表示，目前公司的绩效评估机制不仅不能促进员工绩效及敬业度的提升，反而是在帮倒忙。尽管大家对年度绩效评估工作存在各种不满，但在《财富》500 强企业中，只有 6% 的企业痛下决心取消了这一制度。

人才管理机制涉及种类繁多的规章制度，年度绩效评估只是其中一个。就这样被单拎出来，似乎有点不太公平。如果各级领导在做绩效评估时，结论能更清晰、依据能更确凿、态度能更有亲和力，再辅以持续的反馈及培训，年度绩效评估也许能更加有效。其实我们谈年度绩效评估只是举个例子，我们真正想说明的是这样一个道理：人才管理机制的创新必须通盘考虑，不能想当然地认为那些存在了很多年的制度就必然合理，就应该保留。也许有些做法，在过去是必要的，但在今天、在未来，很可能就是过时的，应当被淘汰掉。

上述调研结果显示，年度绩效评估制度亟待变革。其实有些业界领先企业已经果断废止了这一做法，其中包括通用电气、微软及网飞。网飞此举背后的原因非常发人深省。该公司CEO里德·哈斯廷斯认为，当公司战略尚且需要随着外部环境变化做出灵活快速调整时，按照年度业绩目标考核员工还有什么意义呢？就在我们成书的过程中，很多公司开始了新的尝试，具体方法各有不同，但主旨目标非常一致，就是如何能让员工从更多渠道、以更高频率获得对成长提升更为有效的反馈指导。在这方面，新技术再一次挺身而出。

Zalando是欧洲领先的时尚电商，最近上线了一款内部应用，帮助员工多渠道收集即时反馈。无论是开会、做项目还是接触其他类型的工作之后，大家都可以主动寻求领导、同事及其他部门的反馈意见，正面的、负面的、主观的、客观的，都可以。由于是即时反馈，相对年度反馈更具时效性，也更为准确。有了这样的即时反馈，大家就可以快速调整自己。除了高效收集反馈，Zalando公司还用这个线上工具，帮助制定员工培养规划。

2013~2014年，卡地纳医疗集团时任CHRO卡罗尔·沃特金斯做了一项非常有意思的试验，希望从中发现员工最需要的反馈究竟应该是什么。卡地纳医疗集团是《财富》500强企业，拥有37300多名员工，其主营业务旨在帮助医疗行业从业者更好地为患者服务。很多年来，该集团年度绩效评估的方式是用

5分制打分，1分最低，5分最高，绩效评估结果将直接影响员工奖金及是否能获得晋升。沃特金斯说："对这种评估方式，大家越来越不满。在这种制度下，得到3分是非常令人沮丧的；但现实情况是，大多数人得到的都是3分。"

在这项试验中，她把员工分成4组：第一组还沿用传统的5分制，进行年度绩效评估；第二组改用3分制；第三组则不再打分，采用了更为简单的评估方式；第四组不搞年度绩效评估，取而代之的是季度反馈沟通及有针对性的培训。"我们认为，反馈沟通是最重要的，员工从中获得的收获应该最大。"公司要求相关领导在做反馈沟通时，必须依据事实，保持客观公正，语气平和且富有建设性，比如可以这么说，"你似乎与团队相处得不是很好，有什么我可以帮到你的？"与此同时，公司也鼓励员工多问问题，主动请求帮助，比如可以这么问："如何获得与高层领导更多的互动机会？"对我下一步职业发展，有什么好的建议指导？"

试验进行了两年，结果喜人：相比前三组，第四组的工作满意度提高了16%。于是沃特金斯开始推广：2015年，公司对2000位总监及以上层级管理人员，采用了季度反馈沟通方式；2016年，又将覆盖面推广到了总监下一层级的所有管理人员。

要想反馈收效显著，就要实施双向反馈，而不是只让员工被动接受，不给他们机会发表意见。通用电气曾以强制排序的年度绩效评价方式闻名于世，但今天该公司已放弃了这种做法，取而代之的是持续性的反馈指导。这个改变的背后是深刻的思考，即年度绩效评估时，大家的关注点在于历史业绩，讨论的重点在于打几分才算公平。然而无论好坏，历史业绩已经发生了，是无法改变的，因此大家更应该关注的是未来，通过哪些业务调整、哪些能力提升，让员工做得更好。通用电气的案例更加说明，人才管理机制是一个整体，需要通盘考虑，尤其是要深刻挖掘不同做法背后的道理，认真思考这些做法是否符合新的时代要求。

自 2008 年开始，该公司就在思考：如何才能在当今时代立于不败之地。“这不仅是因为当时发生了全球金融危机，更重要的是大家看到了时代变迁的全球趋势，看到了新技术迅猛发展的巨大威力。”通用电气 CHRO 苏珊·彼得斯说。与此同时，传承多年的运营管理节奏开始加快，人才管理机制也开始调整。

在通用电气对传统人才管理机制进行全面反思时，大家发现最迫切需要变革的就是年度绩效评估制度，即员工管理系统。该制度源于 20 世纪 70 年代，随后一直沿用了下来。然而时过境迁，不仅新时代有了新技术，而且也有了新员工，他们的诉求非常不同。彼得斯说："现在的员工，尤其是千禧一代，他们要求的是更为具体、更为频繁的动态反馈，比如具体到某个项目的表现情况，而不是一年一度的静态评价。"于是彼得斯开始了变革之旅。通过覆盖2000名员工的两年试点，以及过程中的持续迭代，该公司向20万名全职员工，推出了全新的绩效提升系统，用即时性、互动性的反馈沟通取代了已延续几十年的年度绩效评估。

在通用电气，新系统的核心在于促进员工之间的沟通互动，为此公司上线了一个名为"PD@GE"的内部移动应用，而且这款应用还在持续更新迭代中。彼得斯说："我们认为，人的表现不是静态的，也不是一成不变的；可以通过持续的沟通互动、反馈指导，帮助每个人提升。"这样的思想指导了该公司的各项变革。通过这个App，各级领导可以经常性地给予员工反馈，员工可以相互给反馈，也可以给领导反馈。随着客户需求变化，业务目标及工作重点也会进行相应调整，领导可以看到每位员工是否同步进行了调整，着重推进的重点工作是否进行了更新，是否具备相应的技能完成工作。该系统不仅能实现这种全方位、多维度的反馈方式，还能自动汇总、归纳提炼，让高层领导一目了然，快速掌握公司整体的绩效情况以及各级员工的反馈意见。这个 App 能把员工与领导以及彼此之间的多维度沟通互动实时记录下来并加以梳理分析，从中不仅能看出每位员工的进步，更能看出公司整体还需要在哪些方面进一步提高。

没有规矩不成方圆。该公司对如何进行反馈沟通做出了具体要求，即用“希望你继续保持”和“建议你考虑尝试”来表达反馈意见和建议。比如，某位经理可以在 App 上对其下属写“建议你考虑尝试，在开会时多发言”。相比“你会上发言太少，这个问题很严重”这样过去常用的具有威胁性、令人不快的方式，公司要求的表达方式更能让人感到别人的反馈是在帮助自己提升，更有建设性，更能激励员工。彼得斯说：“研究表明，积极的正向反馈更能激发他人，让他们的优点更加发扬光大。”管理大师德鲁克有一句名言：“领导者的关键作用就是用人之所长，让所谓短板都没有用武之地。”

通用电气的绩效提升系统一经推出，收效显著，它不仅在员工、领导以及同事之间营造了良性的组织氛围，让即时性、互动性、更为有效的反馈沟通成为可能，还能自动汇总、归纳提炼，让公司高层在战略规划、梯队建设及人才培养方面更加有据可循。事实证明，相比已沿用几十年的年度绩效评估，这项重要的人才管理机制的创新要有用得多，也受欢迎得多。如果你也有意推动人才管理机制的创新，通用电气的案例或许能给你很多启发。每家企业情况不同，具体方式也会不尽相同。但不管细节如何设计，机制创新的初衷应该是一致的，即反馈沟通必须更具即时性、互动性、建设性，更能适应快速变化的时代要求，更能帮助员工的持续成长。

薪酬激励设计

除了年度绩效评估，薪酬激励设计也值得认真审视。很多公司至今还在沿用非常保守的薪酬激励政策，比如员工工资每年上调 2%~3%。合益集团薪酬专家艾维·贝克说："这样的做法也无可厚非，过去走中间路线也许是最安全的选择；但现在时代不同了，这样的做法会让你错失最优秀的人才。"很多科技公司在员工薪酬激励方面力度要大得多，比如按照年收入的 5% 给员工发放期权或其他股权类激励。彭博的一项调查显示，相比其他企业，科技公司在员工薪酬激励方面的投入要高出 5 倍。

真正重视人才的企业必须改变传统的薪酬激励设计和职业

发展规划，让其更清晰、更灵活，更能激发员工持续提升，更能留住最优秀的顶级人才。对于这些顶级人才，薪酬激励方案需要参照市场水平，与他们为企业带来的贡献相一致。

再次强调，在这方面具体该怎么做的确没有统一的标准答案，不同行业、不同规模、不同发展阶段的企业都应该有各自不同的设计和选择。但有些方向性的指导原则还是需要厘清的。比如，传统的按劳取酬、平均分配的方式正在被打破，有些企业，尤其是科技公司，已开始按能力水平、业绩结果、实际贡献制定薪酬。他们会按市场水平支付有竞争力的基本工资，还会按照公司整体业绩给予员工期权或限制性股权作为奖金激励，这样大家在工作中就可以全心投入、大胆创新，不必担心探索过程中的挫折与失败会影响绩效评估结果和自己的收入。与此同时，这些企业还会建立配套的即时反馈机制，帮助员工持续提升。

谷歌公司前 CHRO 拉斯洛·博克在其《重新定义团队》一书中也倡导过“不公平薪酬”。他在书中写道：“在谷歌我们发现……有时做同样工作的两个人，他们创造的贡献可能相差百倍，那么他们的薪酬也应该体现这样的差距。比如，一位员工获得的期权价值为 1 万美元，而另一位员工的期权价值为 10 万美元。通常情况下，这种激励差距也许没有 10 倍之多，但至少有 5 倍。也就是说，级别较低但贡献巨大的员工，很可能比那些级别更高但业绩平庸的员工奖金高。”博克认为，这样才是真正的公平。

学术研究表明，博克倡导的“不公平薪酬”是非常正确的。2012 年，美国朗沃德大学的欧内斯特·欧博伊尔教授和美国印第安纳大学的赫尔曼·阿吉斯教授研究了多个不同领域，比如学术界、体育界、产出效能的集中度。他们发现集中度非常高，“如果把所有从业人员按其产出效能排序，最高的 1% 创造了全行业产出的 10%，最高的 5% 则创造了全行业产出的 26%。这表明，相比业界平均的产出效能，最高的 1% 是业界平均水平的 10 倍，最高的 5% 是业界平均水平的 4 倍”。

博克写道：“你不妨问问自己，如果有人跟你换，得给你多少人，你才会愿意放走自己团队里贡献最大的那个人？如果你想要的是 5 个人或更多，这说明你给此人的薪酬激励很有可能还不到位。如果你想要的比 10 个人还多，那这个人的薪酬肯定是低了。为什么这么肯定呢？因为按照传统的方式，同一职级薪酬相差 2 倍已经很难了，相差 10 倍就更不可能了。突破传统固然艰难，但相比痛失顶级人才，是不是还是值得的？”

当今时代，这就是现实。如果你还搞平均主义，那么顶级人才肯定会离你而去。谷歌的“不公平薪酬”正在影响越来越多的企业。比如，通用电气 5 年前就创立了董事长特别奖，用以奖励为企业做出突出贡献的优秀人才，授予他们额外的期权。第一章介绍过，信达公司前任 CEO 扎菲诺和 CHRO 埃利奥特在常规奖金之外，为业绩最好的 206 位员工设立特别奖，总额为 250 万美元。扎菲诺说：“很多时候，业绩最好、潜力最大的人会觉得按照常规职业发展路径，自己不知得等到什么时候才能崭露头角。时间一长就会渐渐失去动力，甚至心灰意冷。但突然之间，公司看到了他们的努力和业绩，在常规激励之外给予了他们特别关注及特别嘉奖，这对他们的激励作用还是非常显著的。”

职业发展规划

对于优秀人才不仅要激励到位，还要主动为他们规划，什么是最适合他们的职业发展方式。传统的做法是把业绩最好的优秀人才提升为经理，通过升职涨薪，体现公司对其能力及业绩的肯定与奖励。传统如此，但传统就一定对吗？很多硅谷的科技公司已经开始了不同的尝试，他们的顶级技术专家很可能比高管挣得还多。不仅在科技行业，在时尚设计、文化娱乐、竞技体育等领域，顶级专业人才的薪酬水平也比高层管理者高得多。正如当今时代，要想吸引并留住优秀人才，尤其是那些专业领域的顶级专家，就必须为他们量身定制新的职业发展路径，不能一刀切地让他们做管理、带队伍，强迫他们干他们不喜欢且不擅长的事。

学习提升细化到每位员工

在废止年度绩效评估的同时，不仅需要辅以即时性、互动性、更为有效的反馈沟通，还要建立细化到人的持续学习提升机制。联合技术公司是一家年销售收入近600亿美元的多元化企业集团。该公司CHRO贝茨·阿玛图就是这方面的先行者。在她的倡导下，公司要求各级领导每年至少与下属进行三次以上的单独沟通，沟通内容会记录下来并输入系统，以备后续汇总分析。这样的单独沟通主要不是为了绩效评估，“而是意在帮助员工成长，比如员工需要参加哪些培训、怎样确保他们能够参加。员工离职的首要原因通常不是钱，而是他们是否讨厌自己的直属领导，是否认为自己还有上升空间”。

当今时代，市场快速变化，技术迅猛进步，每位员工都面临着逆水行舟、不进则退的挑战，必须不断学习新知，不断掌握新技能，持续成长提升。在这方面，每家企业都义不容辞，必须帮助所有员工与时俱进。因此，培训不是一项可有可无的工作，而是组织人才体系中一个有机组成部分。参加培训也不应只是 2% 关键人才的特权，需要细化到每位员工。对此，CFO 应有充分的理解与认知，在预算上予以支持，而 G3 也应该高度重视，深入了解公司对此有哪些投入，使用情况如何，具体产生了哪些成效，是否有力支撑了公司整体战略目标的达成。如果把人才视为组织的核心资产，你要看到有些资产会升值，比如土地，有些资产会贬值，比如设备；你要把花在员工学习提升上的费用视为对组织核心资产的战略投资。

如果拓宽思路，你会发现在学习提升方面的投入，能为企业创造很多有别于以往的价值。全球医药行业巨头辉瑞公司的 CFO 弗兰克·达美利奥非常另类，与很多只管财务的 CFO 不同，他还能像 CHRO 那样从人才的角度想问题。他说：“CFO 最重要的职责就是确保资源配置效率高，投入产出好。在我看来，公司资源有很多，既包括资金也包括人员，因此我在决策时会做通盘考虑。”加入辉瑞之前，达美利奥在阿尔卡特－朗讯公司工作。在达美利奥的大力支持下，现在辉瑞在员工学习提升方面的投入，比10年前他刚加入公司时提高了很多。达美利奥说：“我们正在打造全新的企业文化，需要大力倡导5项要求，即拥有业绩（own the business）、赢得市场（win in the marketplace）、以人为本（no jerks）、结果导向（impact results）、信任彼此（trust in one another），这5项要求的英文首字母恰好组成了OWN-IT，即主人翁责任感。我们会把这样的文化导向融入每次公司培训中。我们希望大家能全心投入，全力以赴。”通过持续不断的宣传与践行，OWN-IT的企业文化开始在辉瑞生根发芽，这对于吸引并留住优秀人才非常有利。

在通用电气，学习提升的重点则是应对智能技术的迅猛发展，比如物联网、数据挖掘、网络安全等。这些技术趋势不仅影响企业未来，其实跟每个人都密切相关。彼得斯认为，CHRO的职责之一就是在日新月异的数字时代，帮助员工快速学习提升，帮助公司持续保持竞争力。她说：“身处数字时代，每位员工都要改变传统理念，拥抱智能技术。公司需要通过系统性的培养，持续地帮助支持大家。”无论是在著名的克劳顿维尔领导力培训中心还是在其他地方，智能技术已成为该公司培训的重点内容。针对最高级别的700位高管，该公司还特别开设了“智能技术特训班”。这个培训项目自开办以来，次次爆满，想上还得排队。该公司还面向非技术类员工开设了编程课程，目的当然不是要把所有人都培养成软件工程师，“我们希望在全公司快速普及智能技术，让大家都行动起来”。

美国电话电报公司每年在26万名员工学习提升方面的预算高达2.5亿美元。该公司CEO兰德尔·斯蒂芬森和CHRO比尔·布拉斯发现，在快速变化的时代，公司员工面临的最大挑战是：如何深入理解公司的战略方向，如何持续提升相关的必要技能。为了系统性地解决问题，他们启动了“2020训练营”项目。

该项目通过智能系统，实现了全员覆盖。每位员工可以登录系统，看到公司未来5年的发展战略、战略落地所需的核心能力，以及与核心能力相对应的培训项目。这样一来大家就可以结合公司所需以及个人兴趣，自行选择想在哪项核心能力上重点精进。光有强大的系统支持还不够，要想快速成长，有“好师傅”指点也很必要。为此，斯蒂芬森和布拉斯特意设计了岗位咨询机制，允许员工根据自己想重点了解的工作岗位，尤其是涉及不同领域、不同技能要求的未来岗位，与相关经理约时间，面对面深入沟通。这样大家就更加清楚自己未来的方向，以及现在需要在哪些方面努力。

一旦清楚了自己要学什么，就可以登录系统，预约所需的培训课程。比如转型主题培训就提供了一系列时长 90 分钟的线上课程，其中包括新技术、新产品、市场趋势等。公司还与优达学城合作，开设了网络安全及物联网方面的相关课程。对于那些想进一步深造的员工，公司还支付学费，帮助他们完成在线硕士课程学习。美国的佐治亚理工大学和俄克拉荷马州立大学都提供这样的线上学位教育。

在科技发展日新月异的今天，公司人力资源会与技术部门紧密合作，帮助大家及时跟进技术发展，把握未来趋势。布拉斯说："在这方面，不可能一蹴而就，必须循序渐进，持之以恒。当然我们也不会为技术而技术，技术需要跟业务紧密结合。"

与很多公司不同，该公司还对培训效果进行了系统性跟进。布拉斯与其人力资源团队推出了在线测评，就 4 个方面对培训效果进行评估，即改变理念、参与积极、提升敬业度、提高知识技能。在线测评上的详实信息与即时反馈，对斯蒂芬森和布拉斯随时把握员工整体情况非常有益。2015~2016 年，该公司共有 8 万人参加了各种培训，员工能力及敬业度有了显著提升。不少新设立的岗位原本计划从外部招聘，现在内部就能解决。特别令人欣喜的是，自觉学习提升已蔚然成风，因为“大家知道参加培训是好事，对自己未来发展肯定有好处”。

****

本章小结

对人才培养这件事，很多公司不太重视。但这么做真的对吗？如果你真的相信，人是因，业绩是果，企业价值由人创造，那么为何不好好培养、提升员工能力，更好地激发其潜能呢？在外部环境快速变化的今天，企业更需要解决好这个问题。本章重点介绍了三个方法。

一是充分利用智能数据。新的时代要求给了我们新的技术，让我们能深入了解每个人的个性特点，根据每个岗位的具体要求，真正做到人岗匹配。不仅如此，数据智能还能帮我们预测，并提前发现潜在问题，更好地为关键决策提供参考，为未来发展做好准备。在这方面，相关产品服务很多，作为

CEO，你应当要求 CHRO 与技术部门通力协作，充分借助新技术提升组织人才管理水平。有投入就要看产出，对此你也要定期跟进。

二是创新组织人才管理机制。组织人才管理机制是一个整体，牵一发而动全身，必须通盘考虑，确保各项制度政策协同一致，符合时代要求，尤其是年度绩效评估、薪酬激励设计和职业发展规划。如果有些已过时了，即便之前沿袭多年，你也要有勇气直面挑战；否则拖得越久，越可能危及整个系统，令其无法有效运转。在这方面，卓越的 CHRO 以及重塑后的人力资源可以成为你的好帮手。任何变革都不会一帆风顺，出现反对的声音也非常正常，尤其是对于那些已沿用几十年、几乎被视为“理应如此”的经典传统。好在有意思的是，一旦启动，让大家切身感受到其中的妙处，适应转换就会提速，创新变革就会势不可当。

三是学习提升细化到每位员工。当今时代，市场的快速变化、技术的迅猛发展，要求每家企业、每位员工都要与时俱进，持续成长提升。很多时候，员工不是不想学，而是不知道该学什么。但很多领导对此不够重视，没花足够的时间与下属探讨，帮助他们学习提升。针对这个现实问题，有很多解决方式，比如把培养人作为各级领导的工作职责，既要求数量也要求质量。

通过这些举措，大家会感受到企业在人才培养方面的重视程度和对组织人才提升的持续要求。当今时代充满不确定性，这些努力能有效帮助企业变得更敏捷、更灵活，更有能力从容应对突如其来的各种挑战。

当然，内部人才的持续提升并不意味着企业就不需要招募外部人才。那么怎样做好这项工作呢？下一章就将与你深入探讨。

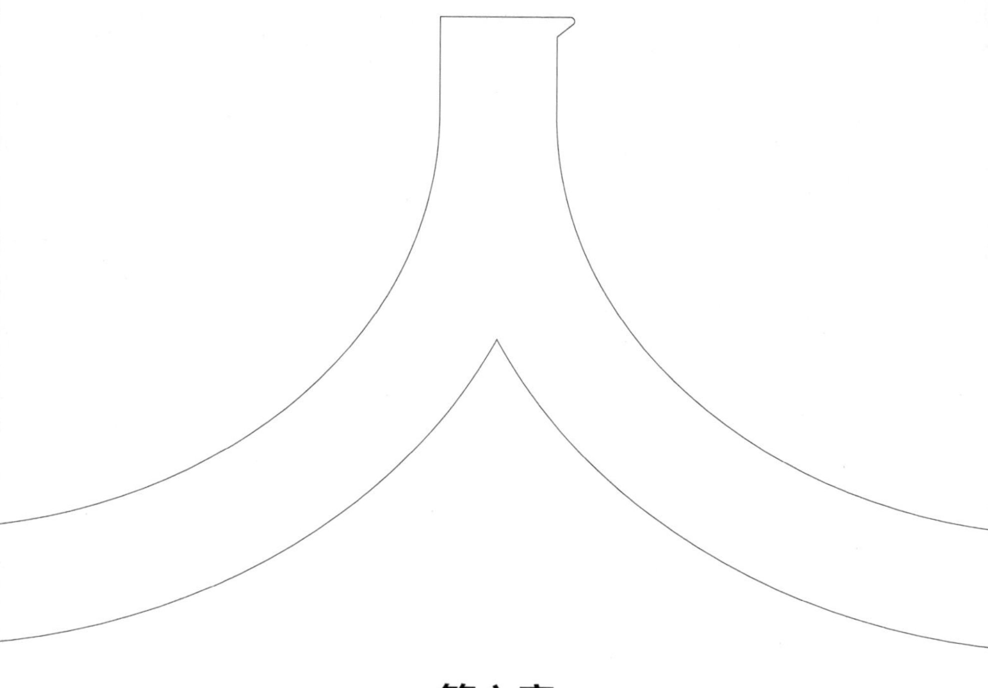

第六章

广纳外部人才，为我所用

外部人才的战略性招募，关键在于三个要素。第一，扩展视野。这就要求你对各种变化非常敏感，洞察未来的发展趋势。第二，另辟蹊径。对于那些顶级人才，不能等到有岗位空缺才开始行动，一旦发现顶级人才，一定要持续关注，果断行动。第三，也是最重要的一条，顶层协作。在人才争夺战中，CEO 必须与 CHRO 并肩战斗。

2008年，全球金融危机重创了美国汽车行业，底特律的三大汽车厂商无一幸免。2010年，为了应对挑战，福特汽车公司将其旗下的沃尔沃轿车公司出售给了来自中国的吉利控股集团。当时，沃尔沃的情况令人担忧。从品牌定位上看，沃尔沃是中档车，上有诸如奔驰、宝马、奥迪之类的豪华车，下有诸如丰田、福特、通用之类的大众车，它夹在中间，进退维谷。经过金融危机的大裁员，沃尔沃的员工士气低落，觉得前途渺茫。沃尔沃在福特旗下时也没什么经营自主权，基本都是底特律总部说了算。吉利的经营思路则与福特不同，吉利认为应该给管理层更大的空间。此举深受沃尔沃管理层的欢迎，但要真正改变命运、推动变革，的确挑战很大。

收购完成后，沃尔沃董事会进行了改组，除一位董事留任，其余都是新成员。2011年初，董事会审议批准了沃尔沃的全新战略及发展目标，支持管理层的大胆构想，即从中档车向豪华车转型升级。这意味着，全线产品都需要重新设计，豪华车的市场规模虽然相对较小，但利润水平会显著提升。转型升级需要 110 亿美元的巨额投入，吉利对此全力支持。

董事会的批准只是万里长征的第一步，新战略如何落地才是真正的挑战。沃尔沃时任 CEO 斯蒂芬·雅各布和 CHRO 比约恩·萨尔斯特罗姆运用麦肯锡“组织健康指数”（OHI），进行了员工调研和组织诊断。他们发现，要想实现转型升级，公司在所需能力方面还存在明显短板，急需招募外部人才。萨尔斯特罗姆说：“相比 10 年前，汽车产业在技术方面有了长足的发展。过去只需要机械工程师，现在需要补充大量软件工程师，因为汽车已变得越来越智能，很大程度上更像是台计算机。此外，新的技术趋势，比如电动车、无人驾驶、智能安全等，都对组织人才提出了更高的要求。”当年春天，他向董事会做了专题汇报，其中明确指出要想转型成功，急需招募大量外部人才。这个建议得到了董事会的支持，员工工会也表示理解。“大家都能认识到，如不变革，只有死路一条。”

达成共识已属不易，但真正艰难的还在于执行。升级转型意味着公司必须做出以下这些痛苦的组织变革：很多员工需要调岗，这对企业文化是一次巨大的冲击，因为在很多员工心目中，只要加入沃尔沃，就能一辈子在这里工作下去；很多人才需要引进，因为转型升级需要很多核心能力，其中不少能力沃尔沃原本并不具备；引进人才需要融入，与现有团队拧成一股绳，快速形成高效创新的战斗力，帮助公司有能力与奔驰、宝马、奥迪等豪华车品牌一决高下。那么沃尔沃究竟是怎么做的呢？

本章会结合沃尔沃成功转型的实战案例，为你阐释如何寻找外部人才，如何实现外部招募的战略升级。只有这样，不管市场如何变化，不管技术如何进步，你都能确保自己的人才储备跟得上时代变化的前进脚步，支撑公司业务的灵活调整。

沃尔沃：外招人才助力转型

为了推动战略落地、业务转型升级，沃尔沃公司的两任 CEO[①] 和 CHRO 都非常重视核心能力建设。他们从战略目标出发，系统性地思考公司需要哪些核心能力，其中哪些能力已经具备，哪些还需外部引进，如果需要外部引进，具体从哪儿招

① 这两位 CEO 分别为：吉利收购沃尔沃时的在任 CEO 斯蒂芬·雅各布，以及 2012 年底接任雅各布的哈肯·萨缪尔森。——译者注

募所需的外部人才。

从哪儿招，那还不简单？汽车公司那么多，去竞争对手那里挖，不就大功告成了？沃尔沃的当家人可没落这个俗套。他们目光长远，关注的不是现在，而是未来。从未来趋势上看，汽车行业技术发展的方向不是在本行业原有技术基础上的小步前进，而是结合智能软件、无人驾驶等前沿技术，实现颠覆性的跨界创新。从这个角度看，这是所有传统汽车企业都不擅长的领域，对手那里也未必有相关领域的顶级人才。

萨尔斯特罗姆深知要想突破，自己必须另辟蹊径。比如，谷歌。他要的不是谷歌的工程师，而是谷歌的营销高手，因为这些人深知当今时代的客户需求，以及如何使用社交媒体等数字化的营销工具。比如，诺基亚。他要的是诺基亚的研发高手，因为这些人兼具无线通信的技术能力，又有对消费者的精深洞察，这样才能设计出技术性能强且用户体验好的导航系统。当时反对声音不少：做手机的，哪能跨界做汽车？有人干脆直接对他说："你这是异想天开，肯定不行。"实践是最好的检验方式。沃尔沃之前花了好几年时间也没能突破的导航系统，在诺基亚研发高手的帮助下，很快就有了实质性的成果。新的导航系统不仅技术性能更强，用户体验更好，而且价格还非常有竞争力。

多角度引进外部人才，已成为业务转型升级的强有力支撑。在CEO和CHRO的联手推动下，公司甚至请来了时尚设计高手，帮助提升车身设计；请来了家具行业高手，帮助提升内饰做工。为了加速转型，他们还特意招募了在推动大公司转型方面有实操经验，既能构想策略打法，又能推动落地实施的高管。萨尔斯特罗姆说："在福特旗下时，沃尔沃只是一个部门，只要按照总部的战略部署，推动执行就好。现在不同了，命运把握在我们自己手里。我们要干什么、怎么干，都得自己想清楚。"事实上，这也正是沃尔沃吸引人的地方。谁不愿意有空间、有舞台，让自己充分发挥呢？为了更好地吸引身怀绝技的外部人才，公司还为他们设计了特别的晋升通道。2011~2015年，沃尔沃仅在产品开发及工程领域，就招募了3000位外部人才。

引进外部人才时，很多公司经常犯的错误就是对两个问题考虑得不够：一是外部人才加入会对组织文化造成哪些冲击；二是现有团队对外部人才是欢迎还是抗拒。在这个方面，CEO雅各布可谓真正的高手。他做了充分的组织沟通工作，不仅把公司转型升级战略清晰地告知给每位员工，还与2%的关键人才进行了面对面的沟通。为此，他特别邀请了公司前 300 位中高管，召开了转型启动会，以期更好地激发他们的创新精神以及主人翁责任感。针对这些关键人才，沃尔沃的 CEO 和 CHRO 高度重视。不仅根据每个人的特点，精心为其安排岗位，让他们充分发挥才能；还设计了个性化的培养计划，给每个人配了高管教练，帮助他们更好地认识自我，更有意识地强化优势，弥补短板。当然，要想推动全面转型，光抓关键人才还不够；还要触达每位员工，保证与员工的持续有效沟通。沃尔沃的 CEO 和 CHRO 抽出时间，定期与员工在线互动交流，与员工代表共进午餐，逐一回答他们提出的问题，虚心征求他们的意见和建议。

此外，该公司 CEO 和 CHRO 还在关键人才中精心挑选了 30 位相对年轻、眼光长远且潜质出众的精兵强将，组成了推动小组。他们来自公司的各部门，包括设计、工程、质量控制以及人力资源。这个小组的使命是“星星之火，可以燎原”，即以身作则，并影响带动他人，进而推动整个组织。萨尔斯特罗姆说：“我们希望让大家看到公司在转型升级方面的决心，在推动相应人才变革方面的力度。从此以后，我们要打破组织层级及官僚作风，所有人都要齐心协力、全力以赴。”在 CEO 和

CHRO 的大力支持下，推动小组立即行动起来。比如，他们发现设计变更的审批流程非常复杂，需要经过 10 多道关卡审核签字才算通过。真有这个必要吗？其实不然。在推动小组的建议下，审批流程精简了一半。在吉利收购前，根据福特的规章管理制度，沃尔沃经理出差需要经过 5 道审批流程。推动小组建议，出差费用由各位经理所在的部门承担，这样出差与否也可以让各位经理自行决定。“这些看上去是小事，实则意义重大。”通过两年的努力，业务转型及组织变革逐渐深化，创新精神和主人翁责任感渐渐扎根。使命完成后，该推动小组也随之解散。

这样的业务转型及组织变革，不是一朝一夕就能完成的。沃尔沃是否能最终获得成功，还需要时间的考验。公司共有 5000 名技术人员，其中 1/4 是来自外部的新鲜血液。萨尔斯特罗姆说：“引进这些外部人才不仅帮我们有效补齐了能力短板，还在悄然影响着我们的组织文化，改造着我们的组织基因。彻底改变，还需要一个过程，好在我们已经在路上了。”就目前的情况看，阶段性成果相当喜人。公司已经成功杀入豪华车的高端市场；在无人驾驶领域，瑞典可试驾车已超过 100 辆。财务数据显示，公司利润水平正在提升。2010 年，沃尔沃全球销售量为 37.3 万辆，2020 年的目标是至少要翻一番，达到 80

万辆，目前增长势头良好。更有说服力的是瑞典权威车评网站 Edmunds 对沃尔沃新款 SUV XC90（沃尔沃一款旗舰车型）的评论："为沃尔沃的强势回归鼓掌。"

汽车行业今非昔比，市场格局、技术进步也是日新月异。那么沃尔沃如何做到从原先的在夹缝中艰难求生到后来的转型升级呢？

回看沃尔沃走过的历程，该公司可谓借助外部人才、推动组织变革、助力业务转型的经典案例。总结经验，关键在于三点：一是扩展视野，在外部招募过程中，他们能突破传统，打破行业职能等条条框框，真正做到了不拘一格请人才；二是另辟蹊径，在转型过程中，他们非常注重外部人才招募工作，并据此完成了一整套相关组织能力的建设；三是顶层协作，在业务转型升级、组织人才变革中，该公司的两任 CEO 和 CHRO 始终并肩战斗，齐心协力。当然 CFO 也是重要的一员，引进外部人才也得有预算支持。

人才争夺的成功经验

沃尔沃面临的挑战很有代表性。当今时代，唯一不变的就是扑面而来的各种变化。客户偏好在变，变得更快、更难捉摸；对手实力在变，变得更犀利、更高效、更难对付；技术趋势也在变，变得更加强大、更具颠覆性、更难以追赶。这些变化对企业提出了更高的要求，我们必须在组织人才方面为未来快速做好必要的布局。光辉国际的一项调查发现，在受访的2100家企业中，41%的企业认为自己在招募人才，尤其是在招募高科技人才方面，有困难。

今天，人才争夺战已跨越了传统的地区边界，领先企业早已放眼全球。比如，职场社交平台领英已拓展搜索区域，方便招聘企业在全美乃至全球网罗人才。中国平安保险创始人马明哲也说，需外部招聘时，他会在全球搜寻顶尖人才。各种网络社交平台出现，比如领英、脸书等，企业正在招什么人，谁来了、谁走了等重大人事变动信息，都很容易获得。这就意味着，你的对手不仅能时刻追踪你在人才方面的最新动向，还能从中读出你的战略意图，洞察你中长期的战略布局。

人口老龄化也加剧了人才争夺。根据麦肯锡最近的一项调查，全球87%的企业都感受到了人才短缺的压力。在全球本科及以上学历的工作人口中，相较以往，2020年会有4000万缺口。难怪2015年麦肯锡全球研究院与万宝盛华全球的一项联合调查显示，CEO 们的第一忧虑是：如何找到、留住公司所需的优秀人才。

智能化与自动化也加剧了人才争夺。这听上去似乎有点反常识，智能化与自动化不是可以取代人工吗？的确会取代人工，但主要是取代低端工作。对于那些真正创造价值，不能被人工智能取代的工作岗位，人才竞争会更加激烈。比如在律师事务所，很多费力、耗时且低价值的工作，如查阅卷宗等，的确可由机器完成，争夺的重点就转向了资深律师。再比如，数据分析专家。通过分析销售及营销数据，他们能够揭示业务本质，极大地提升营销效率、用户体验及业绩结果。正是因为这些顶级人才能创造巨大价值，各家企业才会蜂拥而至。于是水涨船高，招到并留住顶级人才的难度自然大幅提升。

如何在如此激烈的人才争夺中胜出，的确是不小的挑战。这就是为什么你需要全面升级外部人才招募战略，建立相关的能力和机制，系统性地找到、招到、用好外部人才。具体怎么做呢？沃尔沃案例给了我们很好的启示。关键在于三个成功要素。

第一，扩展视野。这就要求你对各种变化非常敏感，尤其要对那些暂时还未波及你，但早晚会有影响的变化保持警觉；进而把握事物之间的内在联系，洞察未来的发展趋势。这种能力对于今天的CEO来说至关重要。在此基础上，你和你的CHRO要突破传统的条条框框，跳出所在行业及相关职能等种种限制，看到跨界融合的大趋势，勇于从其他领域不拘一格请人才。比如沃尔沃就从移动通信、时尚设计、家具行业这些貌似与汽车八竿子打不着的行业，请来了各界高手，帮助公司转型。

第二，另辟蹊径。招募外部人才，尤其是竞争激烈的顶级人才，企业需要突破传统，另辟蹊径。比如，跨越传统行业的边界；再比如，通过投资收购，网罗顶级人才。近年来，不少大企业会高价收购一些初创公司，目的不在产品和业绩，就是在人。还有的企业为了招募人才，会不惜把对手的某个团队整体收编。在竞争日趋白热化的今天，诸如此类的方法和能力，你也得有。

第三，也是最重要的一条，顶层协作。在人才争夺战中，CEO必须与CHRO并肩战斗。如果CHRO缺席，或没有从一开始就参与，很多人才的关键收购，结果恐怕会是竹篮打水一场空。要知道一半以上的并购失败，都是因为人。

成功经验一：扩展视野

很多人对此不太重视，但在当代，这是招募外部人才非常重要的第一步。有以下三个原因。

第一，下一代技术突破到底会出现在哪里，谁也无法断言。技术进步是在前人的基础之上，通过某个突破创新，为客户提供全新的产品、服务或体验，并因此创造出巨大的市场空间。谁都不是神仙，不可能准确知道未来的突破创新会出现在哪里，能做的就是保持足够的警觉，即当早期端倪出现时，不要后知后觉，甚至一再错过。在这种情况下，扩展视野就显得越发重要。乔布斯正是借助了在这方面的超凡能力，实现了一次又一次的颠覆。他是做计算机起家的，为什么之后能异军突起，彻底改变了音乐行业及手机行业？其中很重要的原因是他的视野没有局限在硅谷，没有局限在高科技的圈子里。他更了解消费者，更了解他们对美、对时尚的感受及体验，因此他设计出来的产品才能如此打动全球消费者。在这方面，乔布斯的确是所有领导者的楷模。他具体是怎么做的，本节后面会详细介绍。

第二，传统行业边界变得模糊，跨界“打劫”已成新风。

你不妨问问自己：当今时代，如何定义汽车企业？是通用、安飞士、英特尔、优步、中国的滴滴，还是新加坡的Grab？如何定义运输企业？是UPS、联邦快递、Seamless、J. B. Hunt、美国联合航空公司、本田、亚马逊、太空探索技术公司（SpaceX），还是某家尚不知名的创业企业？今天，像谷歌这样的搜索引擎公司，可以涉足多个行业；像亚马逊这样的在线零售公司，可以成为全球云服务的翘楚。技术进步、跨界打劫意味着，将来你最强劲的对手很可能你还不知现在何处，他也可能是你最好的客户。总之，一定要突破传统的行业边界，扩展视野，看看外面还有谁，他们在做什么。

第三，人才争夺的战火已蔓延至全球，很多领先企业正在全球撒网，寻找并招募优秀人才。有家软件企业已布局印度多年，他们发现当地有个9岁的孩子天赋异禀，于是从那时起就开始关注，现在这个孩子刚上大学。在人才争夺日益激烈的今天，拓展区域视野显得更为重要，作为CEO，你和你的CHRO在这方面打算怎么办呢？

扩展视野也是有前提的，一是需要扎实的信息，二是需要敏锐的直觉。信息来源可以很多。人力资源团队中应该有人负责系统性地挖掘分析对手信息。如前文所述，很多信息是公开的，比如公司网站，脸书、领英以及雇主点评平台 Glassdoor 等社交媒体。关于对手，不仅要关注公司情况，也要关注关键人才的动态。两军对垒，需要知己知彼。细致深入地跟进梳理，能让你捕捉到对手的近期动向、更为长远的战略意图以及可能产生的潜在威胁。比如，也许你会注意到对手正在某个领域大力招募，这些领域的相关技能没准儿对你也很有价值。人才招募方面的优势，就是对竞争对手的有力打击。在这方面，人力资源大有可为，通过人才可以构筑公司的竞争优势。对此，CEO 和 CHRO 需要高度重视。

作为领导者，光靠来自人力资源的二手信息是不够的，你还要建立自己的人脉关系网络。乔布斯就有自己的专家网络，会定期与他尊敬的各领域顶级高手交流。其中包括美国前总统克林顿、迪士尼公司总裁兼 CEO 罗伯特·艾格、佛学大师乙川弘文、芯片行业鼻祖罗伯特·诺伊斯、波诺、广告大亨李·克劳、著名风险投资家约翰·杜尔、国际知名汉学家安乐哲、英特尔公司创始人安迪·格鲁夫 、帮助消灭流行病天花的科学家拉里·布利连、音乐人鲍勃·威尔、著名经管作家吉姆·柯林斯、硅谷著名律师拉里·桑西尼、IDEO 公司著名设计师大卫·凯利、营销大师里吉斯·麦肯纳和美式橄榄球传奇教练比尔·坎贝尔。以上这些各界精英中，有多少算是乔布斯的同行呢？只有两位。这就是乔布斯，他永远对公司业务之外的大千世界充满了好奇，总在不停地探索学习。读到这里，我们不妨扪心自问：平时我会定期与谁交流，向谁请教？除了公司业务及相关行业，我是否有好奇心去学习、去了解？在快速变化的时代，未来属于那些好奇探索、永不停歇的人。

扎实的信息如何真正为我所用呢？这就需要敏锐的直觉，即乔布斯在其著名演讲中谈到的“connecting the dots”，即如何把生命过往中的点点滴滴有机地串联起来。这些平时不经意的点滴积累，最终铸就了此后的伟大成功。这对 CEO 来说也非常重要。那么乔布斯是怎么做的呢？

20 世纪 90 年代初的那几年，乔布斯和太太劳伦娜经常去法国、意大利度假，尤其会去世界时尚之都巴黎和米兰的各种高端商店。这可不是因为他太太，而是因为乔布斯非常痴迷于此。他会抓住店员问个不停，比如，橱窗布置为什么留白这么多？服饰展示为什么要放在这个位置？走道为什么要这样设计？为什么这堆衣服挤在一起，那双鞋却占据了那么大空间？为什么店面要如此布局，你所希望的顾客动线是什么？你觉得顾客在逛店时，会抬眼看什么，会伸手摸什么，体验如何，感受如何？在这过程中，劳伦娜会在一边耐心地照看孩子。乔布斯会一直这么不停地问下去，直到他太太和孩子们忍无可忍，再三坚持要走为止。乔布斯通常不买东西，因为他最想要的是信息。

多年之后，乔布斯重返苹果公司。在一系列的成功之后，他打算继续尝试新领域，即开苹果店。当时，大家惊叹于他对零售业的深刻理解，都不知道他是什么时候从哪里学的。读了上面一段，想必你已破解了这个谜题。这一次乔布斯决定不走寻常路，没有请教所谓的零售专家。当时，诸如电路城公司以及 CompUSA 之类的零售商店卖计算机，都是在货架上堆满了各种看上去长得差不多的灰色包装盒，店员激励只看卖了多少，对质量关注甚少。乔布斯从百货连锁集团塔吉特请来了罗恩·约翰逊，此人在高科技产品零售方面几乎没什么经验。没经验也有优势，乔布斯心中的苹果店实在是独树一帜。这就是后来你看到的苹果店。在那里，各种商品绝不会堆在一起，每台计算机都像是艺术品一样，在灯光映衬下熠熠发光。店员激励没有销售提成，他们可以从容地与顾客聊天，帮顾客解决问题；顾客可以随便逛，想待多久就待多久。虽然没对销售业绩有刻意要求，但苹果店的坪效[①]已成为商界奇迹，超过了所有行业的所有零售店。苹果店的成功真得感谢乔布斯宽阔的视野，感谢他在研究计算机设计、高科技领域之外的广泛兴趣及深入探索。

在外部人才招募方面，也要跳出传统行业的局限，扩展视野。要是没有乔布斯在这方面的厚积薄发，就没有苹果在音乐播放器、媒体播放程序（iTunes）及智能手机等新业务领域的成功。为了发展新业务，为了弥补能力短板，乔布斯从其他行业招募来了大批人才，比如音乐行业、手机行业、时尚行业的高管。他虽然公开批评过摩托罗拉，但从那里招来了大批工程师。他还从博柏利请来了该公司时任 CEO 安吉拉·阿伦茨，负责苹果的零售业务。近几年，苹果公司还在医疗健康领域网罗人才。为了探索无人驾驶，它把触角伸向了美国国家航空航天局的机器人科学家。当年，苹果从个人计算机跨界杀入音乐及之后诸多的新领域，非常令人惊叹；今天这样的跨界打劫已成为常规打法，扩展视野就显得更加重要。

---

① 坪效 = 销售额 ÷ 门店营业面积，是衡量商场经营效益最常用的通用指标。——编者注

成功经验二：另辟蹊径

汽车行业的最新发展，恰恰说明了原本边界清晰的传统行业，是如何受到技术发展的冲击，如何变得边界模糊的。随着高科技软件、硬件以及服务企业的加入，在产品服务化的时代大潮中，汽车行业变得越来越像服务业，出行即服务（TAAS）。

汽车行业的人才争夺战异常激烈。对于业界顶级人才，各家企业都在突破传统招聘方式，都在另辟蹊径、各显神通。比如优步为了发展无人驾驶，一口气从卡内基–梅隆大学机器人专业招了40位学术及研究专家。2016年初，通用汽车宣布斥资10亿美元收购硅谷自动驾驶初创公司Cruise Automation。2016年3月，Future Mobility是一家背后有腾讯支持的电动车创业企业，成功从宝马i事业部请来了多位重量级专家。2017年，福特为了引进硅谷人才，助力无人驾驶探索，斥重金投资控股了初创公司Argo AI，并宣布未来5年内将投入10亿美元。要知道，那时该公司才成立几个月，创始人是曾为谷歌和优步无人驾驶领域负责人的布莱恩·塞尔斯基和彼得·兰德。福特此举与其说是在投公司，不如说是在投人。

在脸书及谷歌等巨头的示范效应下，通过投资收购获取顶级人才已成为硅谷惯例。比如，2014 年谷歌投资 5 亿美元收购了 DeepMind，看中的就是该初创公司在机器学习及人工智能方面拥有的顶级专家。其实，除了高科技行业，这种方法在其他领域也很常见。比如，广告业的重量级并购大多是为了网罗人才。

投资收购只是万里长征的第一步，结果如何还得看投资之后如何管理、如何整合。在这方面你需要做到公开透明，这样双方才能建立信任，达成共识。比如，投资收购的初创公司在日常经营中，是保持独立，还是与原有业务融为一体？有些公司选择保持独立，意在保护并强化初创公司的创业精神；有些公司选择融为一体，希望借助新进人才的鲇鱼效应[①]，帮助现有团队打开思路、促进创新；还有的公司，比如通用汽车，则选择两者兼顾。在完成对自动驾驶初创公司 Cruise Automation 的收购后，通用汽车 CEO 玛丽·巴拉希望以此为例，让大家见识一下创业公司的速度、创新及创业精神。为此，她保留了

① 鲇鱼效应是采取一种手段或措施，刺激一些企业活跃起来，投入到市场中积极参与竞争，从而刺激市场中的同行业企业。在组织中，也是刺激员工团队的一种有效办法。——译者注

Cruise Automation 位于旧金山的独立总部，与此同时，也要求该公司CEO凯尔·沃格特与通用汽车的两位高管保持密切沟通，两家公司员工互动互访。

你必须真正允许外部人才带来改变，否则投资收购就不会成功，引进的外部人才也会心灰意冷，最终离开。在这个问题上，由 CEO、CFO 和 CHRO 组成的三人核心小组必须起到关键作用，帮外部人才突破现实存在的种种束缚，解决推动变革时会遇到的重重阻力，在预算、人员以及组织机制上予以强有力的支撑。

最好的方式是在投资收购前就充分思考投资收购后的管理整合。贾斯丁·史密斯是谷歌公司企业发展及整合部门的负责人，他跟我们分享了谷歌在这方面的三条经验。第一，也是最重要的一条，从考察到收购再到收购后整合的整个过程中，谷歌内部必须有高管全力支持这家被收购的创业企业，并对收购结果进行定期评估。在整个过程中，史密斯的团队会与这位高管及被收购企业的领导层保持密切沟通；在收购完成 3 个月、6 个月及 12 个月时，对每项收购进行定期评估，看看进展如何，是否能达到预期目标。对于更为复杂的收购项目，在 12 个月后还会评估。第二，在收购完成前，必须清晰界定对新进人才的期待，并与其达成共识，从而确保收购完成后的业务推进工作更加聚焦、更有成效。甚至在最早与投资对象接触时，就开始观察评估对方在文化价值观方面与谷歌的契合度。第三，在与被收购企业沟通互动及跟进管理时，严禁大公司的官僚作风，因为创业企业家最讨厌的就是毫无意义的繁文缛节。这与被收购企业的大小无关。无论是几个人的小公司还是更为成熟的大企业，比如 2013 年收购的位智（Waze），谷歌都会这样严格要求自己。

在推动投资收购工作时，谷歌非常看重收购前清晰界定期待，收购后给予强力支持。原因在于，这些投资收购真正投的是人，用史密斯的话来说，“我们要的是那些既懂技术又懂市场，而且目光长远的顶级人才”。招到他们已属不易，要想更好地激发他们，必须给他们足够的空间和支持。史密斯说：“有时，随着业务变化，我们能感觉到他们已经开始想做点别的了。遇到这种情况，我们会主动跟他们沟通，给予他们支持和指导，帮他们与公司其他领域的专家牵线搭桥。如果有可能，我们会希望他们继续留在谷歌，尝试探索新方向。”

成功经验三：顶层协作

很多人把投资收购视为财务工作，因此 CFO 通常会参与其中，分析投资对象的财务状况、公司估值以及未来增值空间。即便过程中要考虑双方在企业文化、价值观及性格风格上是否契合的问题，也是在项目推进的后期。这样的话就太晚了。UPS 前 CFO 库尔特·库恩认为："CHRO 必须把好这道关。我们得想清楚，未来发展需要什么样的文化元素，投资成功需要什么样的关键技能。"

一半以上的投资收购失败，都是因为人。如果能让 CHRO 像 CFO 一样尽早深度参与，全面考察投资对象的人才情况，预见可能出现的冲突矛盾，很多低级错误是完全可以避免的。这样，投资收购的成功率应该能大幅提高，为企业创造更大的价值。因此，我们主张在考虑投资收购时，CHRO 与 CFO 从一开始就应该并肩作战，从前期考察到完成投资，再到融入整合的全过程中做到深度参与。鉴于很多投资收购的核心价值在于人，那在这个过程中，为什么要把人才方面的专家 CHRO 剔除在外呢？正如通用电气前董事长兼CEO杰克·韦尔奇所言："如果你是纽约扬基队或波士顿红袜队的总经理，你是天天跟球队会计聊天，还是跟球队教练谈呢？谁能帮你确保球员个个骁勇善战，球队场场力争佳绩？应该不是球队会计吧。”美国著名私募基金德太投资发现吉姆·威廉姆斯在识人用人及组织诊断方面非常有见地，因此早在每个投资项目启动之时，就要求威廉姆斯参加，并认真考虑他的建议。如果他认为某个投资标的在人才方面差距较大，该基金也会果断离场。

关于为什么 CHRO 对投资并购如此重要，为什么应当像 CFO 一样尽早深度参与，我们认为有以下 5 个原因：

第一，系统发掘外部人才。正如 CEO 本人需要扩展视野一样，CHRO 也应当精于此道，而且应当有能力为你发掘、向你推荐重要的外部人才。第一章提过强生公司的 CHRO 彼得·法索罗，他担任这一工作已超过 10 年。在此期间，医药行业历经很多风雨，比如监管收紧、竞争加剧、新对手入场、资本市场加压等。时局动荡，并购风潮渐起。强生也不落人后，自 2005 年起共收购了 18 家企业。

这些经历让法索罗成了网罗外部人才的专家。他不仅会系统性地收集外部人才信息，还建立了专项数据库。如有需要，他就会从这个拥有上万名各类人才的数据库里，搜寻在经验上、能力上符合要求的候选人。

随着人才争夺的日益激烈，CHRO 不仅要从个人层面上寻找，还要思考如何通过投资并购等非常规方法锁定顶级人才。通过建立外部人才数据库，CHRO 还可以发掘初创企业，跟踪行业及对手的人才动态。在诸如黑岩、麦格劳－希尔、强生及本书提到的其他领先公司中，CHRO 还会主动从人才获取的角度提出投资并购的建议。CHRO 这么做算是不务正业吗？其实就像 CFO 看到好的投资并购机会会提出建议一样，CHRO 也理应如此。

第二，组织人才尽职调查。在考察投资并购机会时，肯定会做财务尽职调查，肯定需要 CFO 的深度参与。同理，既然人才如此关键，甚至是投资并购的目的所在，为什么不对人才做尽职调查呢？业绩都是人做出来的，既然要财务结果，就要考察组织人才，所以财务及人力必须共同参与。

投资并购成功与否，关键在于前期的准备。对可能出现的问题，大家是否有充分的思考，是否能防患于未然。对于重大并购，G3 必须亲自主导，清晰规划并购完成后如何整合、如何管理。这时 CHRO 必须要深入思考、充分预见，哪些人才方面的问题可能会导致并购失败。比如，双方的组织氛围是否相投，工作风格是否类似？整合后，2% 的关键人才会是谁，相比并购前会有哪些变化，在哪些部门会出现冗余？如果双方在薪酬激励机制上有显著差别，整合时应该如何处理?

要想回答这些问题，要想对可能出现的各种状况做足准备，就得对被投资并购企业的组织人才情况有深入的了解和深刻的分析。由此可见，在考察投资并购机会时，必须做人才尽职调查。必要时，可考虑聘请第三方机构来评估，这样会显得更加公允客观。

第三，赢得并留住关键人才。对于投资并购来说，是否能赢得并留住关键人才，对结果影响巨大。在项目推进初期，随着并购的消息渐渐为人所知，关键人才流失的风险也与日俱增。大家会担心并购完成后，自己的工作会不会不保；尚未行权的期权会怎么处理，估值会出现什么波动；加入新组织会不会出现水土不服，会不会被排挤。

这时特别需要 CHRO 挺身而出，充分了解并帮助打消种种顾虑。鉴于多元化及个性化的时代大趋势，也许需要为某些核心的关键人才量身定制激励方案及发展机会，并与之坦诚沟通。如果有幸遇到顶级人才，即此人创造的价值是一般人的好几倍，那你就要有勇气采用第五章讲到的“不公平薪酬”。所处行业正在经历颠覆性变革时，这一点显得尤为必要。英雄不问出处，不管优秀人才来源于内部还是外部，想要留住他们都需要与之明确沟通并购完成后的岗位安排，以及未来更大的发展机会。如果在考察投资并购机会阶段做了扎实的人才尽职调查，CHRO 应该可以跟这些关键人才进行有效的沟通与探讨。

CHRO 的挺身而出，并不意味着 CEO 就可以高高挂起。其实很多关键人才的去留取决于领导者的态度。德太投资的威廉姆斯说过："对于这些关键人才，我们需要跟他们接触，需要爱上他们，需要使出浑身解数留住他们。"作为 CEO，你应当让他们看到、感受到你对他们的重视和你想赢得并留住他们的诚恳努力。如果其中有人想跟你聊聊，你一定要抽出时间。不妨跟几位一起共进午餐或晚餐，让他们相信这次并购无论是对企业还是对他们个人都是有益的。你要是真希望并购成功，就必须在这方面花时间，否则你就没有全力以赴。

第四，确保并购整合成功。在沃尔沃转型过程中，时任 CEO 斯蒂芬·雅各布以及 CHRO 比约恩·萨尔斯特罗姆曾组建由 30 位高潜精英组成的推动小组，用以确保组织变革的顺利推进。为了确保并购整合成功，CHRO 也需要考虑类似的机制方法，成立专项小组，帮助梳理双方的组织架构及工作流程等关键要素，促进并购后新老团队的高效融合。

要管理好这些项目小组并不容易，需要 CHRO 在并购整合阶段投入大量的时间和精力。比如，组建专项小组时，怎么选小组成员就很有讲究：一是要有双方代表参加；二是层级搭配必须合理，既要有高层领导，也得有执行团队；三是性格包容，技能互补，大家个性不同、技能特点不同，要确保每位成员都有机会充分表达其观点，充分施展其才华。当然，还要明确工作目标。目标明确，有的放矢，才能形成合力；否则将会是一盘散沙，尚未起步就注定失败。

第五，坚决剔除害群之马。偌大的组织里，总会有那么几个害群之马。这些人总是抱怨这、抱怨那，这些抱怨不仅毫无建设性，还会殃及他人，对组织氛围影响恶劣。如果项目小组中有一个这样的人，整个小组都会被其拖垮。在并购整合的过程中，出现些许混乱、出现不尽如人意的各种问题，是很正常的。但这种充满变化及不确定性的特殊环境，恰恰给了这些人施展的舞台。他们的流言蜚语会大行其道，会给新加入的团队留下极坏的第一印象，会对整合工作造成极大的危害。

如果说关键人才是创造价值的核心所在，那这些人就是破坏价值的罪魁祸首。对于这些人，CHRO 及人力资源部门需要高度警惕。一旦发现，要严令禁止他们的不当行为；屡教不改的，要坚决剔除，绝不给他们惹是生非、招摇惑众的机会。

****

本章小结

要想推动人才变革，实现全面提升，外部人才招募工作非常重要。尤其是在外部环境快速变化、技术进步迅猛发展的今天，各种不确定性让人很难把握行业前进的明确方向。因此，企业更需要借助外部人才，应对各种变化带来的挑战，把握变化之中出现的机会。随着人才争夺战的日益激烈，企业急需全面升级外部人才招募战略，更为高效地找到、招到、融入、用好各类优秀人才。

总结各家成功经验，关键在于三点：

一是，扩展视野。正是由于各种变化和不确定性的存在，CEO 及高管团队，尤其是 CHRO，必须花时间学习新知，敏锐捕捉各种动向，深入思考这些动向相较以往有什么不同，会对自身所处的行业产生什么影响。这是一项技能，只要你坚持练习，就会不断提高。一旦扩展视野、打开思路，你就能突破传统的条条框框，跳出所在行业及相关职能等种种限制，真正做到不拘一格请人才。要知道，伟大创新的奇思妙想很多源于跨界启发，跨界碰撞。

二是，另辟蹊径。对于外部人才招募，尤其是竞争激烈的顶级人才，企业需要突破传统，另辟蹊径。G3 应该主导制定对顶级人才的定向投资及收购战略。这种做法在高科技行业已经很常见，而且大有流行之势。对于这些顶级人才，不能等到有岗位空缺才开始行动。等到岗位空缺了再行动，通常就已经晚了，只能抱憾错过。一旦发现顶级人才，你一定要持续关注，果断行动。

三是，顶层协作。这是最重要的一条。在人才争夺战中，CEO 必须与 CHRO 并肩战斗。要知道，一半以上的并购失败都是因为人。正因如此，你要确保 CHRO 在那些意在人才的重要投资并购中，从一开始就深度参与，否则结果恐怕会是竹篮打水一场空。卓越的 CHRO 不仅能帮你系统性地发掘外部人才，还能在考察并购机会时，帮你做好人才尽职调查；在并购整合时，帮你赢得并留住关键人才，剔除害群之马，确保并购整合的成功。这样的 CHRO 无疑能极大地提升企业在投资并购中的成功率，为企业创造巨大价值。从这个意义上说，如此卓越的 CHRO 的薪资待遇，确实不该与 CFO 的存在显著差距。

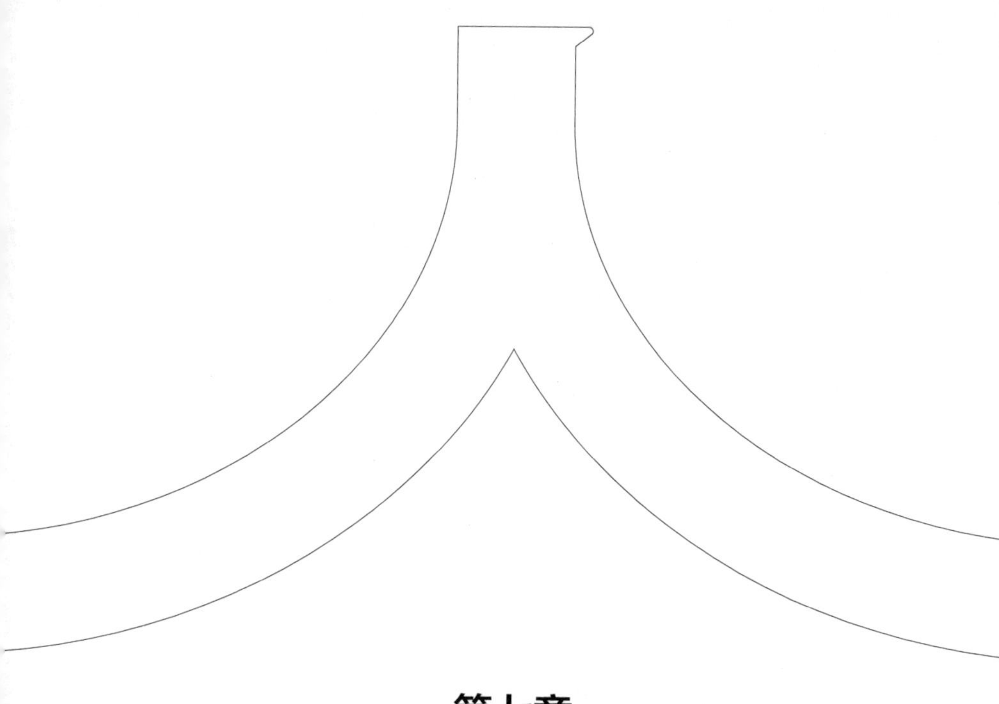

第七章

付诸行动，推动变革

很多人认为人才管理变革有点虚，似乎不值得领导者在这个方面投入宝贵的时间和精力。这样的错误理念必须改变，因为归根到底，发现机会的是人，制定战略的是人，落地执行的还是人。要想推动人才管理变革，真正把组织人才放在第一位，领导者必须亲力亲为。这样的人才管理变革会深刻改变企业经营的方方面面，并带来企业的持续增长。

说一千道一万，是否能真正付诸行动，成功推动人才变革，真正把组织人才放在第一位，关键还在领导者自己。

这么说绝不是夸大其词。我们三人在几十年的职业生涯中，亲历过成百上千个企业的组织变革。如果问我们从中学到了什么，至少有一点是非常明确的，就是只要没有领导者的全心投入及全力推动，组织变革多半命运多舛，难以成功。涉及人力资源这条线的组织变革则更为艰难，因为很多人都认为人力资源的重塑有点虚。组织氛围、员工士气固然有用，但对业绩结果也没有太多直接影响，似乎不值得领导者在这个方面投入宝贵的时间和精力。

这样的错误理念必须改变。当今时代快速变化，充满不确定性，要求企业持续寻找、快速发现、迅速把握新的发展机会。在这样的大环境下，人才的重要性日益凸显。因为归根到底，发现机会的是人，制定战略的是人，落地执行的还是人。

要想推动人才管理变革，真正把组织人才放在第一位，领导者必须亲力亲为，因为只有你才能在顶层组建G3，才能真正重塑人力资源，才有权限批准在人才方面必要的技术投入，才能通过持续跟进，有力推动变革重点举措的实施落地。这样的人才管理变革不仅会深刻改变企业经营的方方面面，也会对你产生重大影响。

要想成功推动人才变革，真正重塑人力资源，把组织人才放在第一位，需要领导者具体做什么、怎么做呢？本章就为你详细阐述。

改变传统的管理思路

传统的管理思路是从事情出发，先制定战略目标，再规划资源配置，最后才考虑人。

我们希望通过本书改变这样的传统思路。本书的核心思想在于：真正创造价值的，是人。战略都是人定的，而且无论战略多好，人不对也做不出来。人是因，业绩是果。要想业绩好，先得找对人，然后再把他们放到合适的岗位上，让他们充分发挥各自的才能，让他们为组织创造最大的价值。

正因如此，领导者在构想战略、制定目标和思考其他重点工作时，要从组织人才出发。要制胜未来，先想所需的人才在哪里。如果内部就有，他们是谁，放到哪些岗位上能最好地激发其潜能；如果需要外招，去哪里找，拿什么吸引他们加入。就以战略规划为例，通常企业都会制定未来 2~3 年的业绩目标，思考所需的资源配置，设计相应的资本结构。在这个过程中，CFO 会与 CEO 密切沟通，并协助 CEO 完成具体的财务预算制定。如果你也认同人才的重要性，我们建议你在战略规划伊始，就邀请 CHRO 参加，通过在公司顶层组建 G3，形成把人才与业务战略、财务资源及经营结果相结合的管理思路和研讨机制。CEO、CFO 及 CHRO 每季度都应一起回顾上个季度的经营结果，并制定未来 8 个季度的战略、财务及人才的滚动规划。

业务战略和经营结果不是空中楼阁，这些都是建立在组织人才基础上的。既然如此，在你定期看经营业绩的同时，也得关注组织人才的情况。对于 2% 的关键人才，至少每季度把每一位关键人才都过一遍。假定其中一位叫约翰，G3 需要讨论：约翰现在的岗位是否合适？如果未能达成业绩指标，原因是什么，需要什么帮助，公司能为他做什么？如果业绩很好，看看他是不是缺乏挑战，需不需要给约翰创造更具挑战性的锻炼机会？为更好地帮助他成长，应该给他哪些培训及指导？怡安集团 CEO 格雷格·凯斯是这方面的楷模，他特别强调说："我们的使命就是帮助每个人成长，尽可能地激发每个人的潜能。对此，我们真的非常重视。"

一旦形成每季度复盘一遍关键人才的机制，你就会放眼未来两到三年，思考这些关键人才能否应对未来挑战，是否具备赢在未来所需的核心能力。对此，你要逐一判断，谁肯定行，谁可能掉队，哪些新的核心能力需要补齐。如果整体差距较大，你必须深究原因，看看究竟是新技术冲击导致的人才结构老化，还是组织机制不合理影响了优秀人才的加入。

领导者要用这样的管理思路，推动组织各种人才管理变革。作为领导者，你不妨把自己想成球队教练。球队教练要想成功就得找到、招到、用好、留住优秀球员，帮助球员提升，帮助球队取胜；与此同时，还得不断通过数据分析，对内发现状态下滑的球员，对外发现迅猛崛起的球员，通过快速灵活的人员调整，始终保持球队的战斗力与竞争力。对于明显掉队的球员，无论曾经多么大牌，无论你曾多么喜欢，最终也得忍痛割爱。个人成长责任在自己，球队胜利是第一位的。

此外，球队教练的成功还有赖于助理教练的鼎力支持。从这个角度看，CFO 和 CHRO 就是你的助理教练，应与你一起探讨上述问题。很多 CEO 更习惯跟 CFO 或 COO（首席运营官）探讨业务，毕竟达成业绩目标是刚需，是资本市场看重的。如果你也这么想过，一定要提醒自己：人是因，业绩是果，必须高度关注组织人才，必须像重视 CFO 一样重视 CHRO。G3 就是你最好的抓手，做好每季度的回顾以及未来 8 个季度的战略、财务及人才的滚动规划，会让你对当期目标的达成以及赢在未来的能力充满信心。

这样的管理思路转变，在当今时代非常必要。

改变过去的时间分配

过去几十年，我们三位见过很多 CEO，发现他们在时间分配方面基本差不多。通常是 40% 的时间处理外务，比如拜访客户、董事、媒体、政府等相关方；60% 的时间处理内部事务，比如主持参加各种管理例会、处理突发情况等。

要想推动人才管理变革，你必须以身作则，从自己做起，真正重视组织人才工作，在这方面花时间，比如亲自辅导 2% 的关键人才，亲自挂帅部分顶级人才的招募工作。本书介绍了黑岩、麦格劳－希尔及其他多家领先公司的最佳实践。在这些公司里，CEO 通过组建 G3，打通了业务、财务及人才之间的有机联系。CEO、CFO 及 CHRO 不仅办公室挨在一起，还会定期一起研讨组织人才议题，比如关键人才盘点、后备继任规划、人才培养方案、薪酬激励机制等。要想 G3 高效运转，CEO 必须像重视 CFO 那样重视 CHRO，并积极促成 CFO 和 CHRO 的紧密合作。他们两位需要相互理解、相互学习，在 G3 会议之余保持频繁沟通，成为你在推动人才管理变革方面的左膀右臂。

过去，在 CEO 的日程表上，很多议题的优先级都排在组织人才之前，比如战略、财务、当期业绩等。如果你真的相信创造价值的是人，你就要改变过去的习惯，真正在组织人才方面花时间。

重构组织和人力资源部

传统的等级严明、条块割据、以控制为主要目的的科层式组织已经无法适应新的时代要求，必须进行调整乃至重构。在组织重构时，你需要思考组织氛围如何，是朝气蓬勃还是死气沉沉；组织效能如何，是突破创新不断涌现，还是缓慢改良靠吃老本；组织运转如何，在关键环节是否足够聚焦，在权衡取舍上是否合理，相比竞争对手水平如何。

在思考组织问题时，一定要追根溯源，看看现象背后的根本原因究竟是什么。比如，如果发现决策速度迟缓，需要细致分析整个决策流程，看看究竟卡在了哪里；如果发现某个团队业绩超群，需要深入了解，看看哪些成功经验可以复制推广。要打破传统的层级汇报，促进跨部门、跨业务、跨职能、跨团队的交流互动，鼓励持续学习、不断创新，在组织内部形成良性的组织氛围。如果发现有人为了一己私利从中作梗，一定要直接面对，快速解决。有时，机会窗口转瞬即逝，一旦错过就再也无法弥补了。

总之，新时代的组织不能一潭死水，不能一成不变，应当灵活敏捷、动态调整、持续提升。而且在快速变化、充满不确定性的当今时代，所有人都需要敏锐洞察外部变化，并快速做出判断，迅速做出调整。大家在业务方面还有这个意识，但在人才方面做得还相当不够，这也是企业急需重塑人力资源的原因之一。根据形势判断业务调整，如何应对新的威胁，如何把握新的机会，都需要人才方面的强力支撑。作为 CEO，你要确保人力资源与业务的深度结合，让人力资源参与战略及业务讨论，主导组织人才相关决策，成为业务领导的亲密战友，让人力资源发挥更大的作用，为组织创造更大的价值。

招募人才须亲自挂帅

在人才管理变革中，你的角色也需要发生改变。在招募人才方面，领导者必须亲自挂帅。你不能只提需求，然后就甩手交给人力资源。把人才放在第一位的企业，永远不会停止对最优秀人才的渴求。归根到底，竞争的是人，不是企业。对于优秀人才必须持续关注，系统性地了解与跟进，出现机会快速行动。

那么具体怎么做呢？在领导者的层面，我们建议你每月至少见一位外部人才。这些见面未必立刻就能形成什么具体成果，但可以帮你扩展视野，对外部市场变化及对手近况加深了解，并从中敏锐洞察，以判断未来的动向趋势，进而制定企业的应对之道。在各种变化扑面而来的新时代，扩展视野、与时俱进是领导者责无旁贷的重点工作，招募外部人才也非常重要。说到底，创新与颠覆都是人做出来的，你的工作就是找到这些人。当然 CHRO 也不能袖手旁观，需要帮你建立数据库，系统性地了解跟进外部人才，尤其是顶级人才。正如前文所述，董事会也可以成为你的好帮手。

那么谁是第一责任人呢？还得是领导者本人。如果将招募外部人才视为领导者要亲力亲为的外部事务，那么其重要性丝毫不亚于树立对外形象、构建外部生态、与资本市场及投资人沟通。

三年前，鱼谷雅彦离开可口可乐，加入日本资生堂担任 CEO。入职不久，他就启动了人才管理变革，希望帮助这家百年老店在新时代焕发新生。在推动变革的过程中，他在人才招募方面投入了大量时间和精力。因为他坚信人是企业经营的核心，他希望精挑细选，广招英才，全面提升组织能力，“让公司充满创意，而且是比其他人都优秀的创意”。在遴选人才时，他最看重的是三点：一是精通专业，二是培养他人，三是 kokorozashi。鱼谷雅彦说：“kokorozashi 是日语词，内涵丰富，既有目光长远、敢立大志的意思，又有坚定不移、百折不挠的含义。这一点很重要。如果没有这个品质，一遇到困难就打退堂鼓，就降低标准凑合着来，那无论此人的技术能力多强、战略眼光多好，都不能堪此大任，都不是我要的人。”他深知树立正确的企业文化价值观非常不容易，但一个错误的人就可能将之毁于一旦。因此他严把用人关，在人才招募方面亲自挂帅。

我们讲人才招募，不光指外部人才，也包括内部人才，尤其是 2% 的关键人才。流失一位关键人才给企业带来的损失，丝毫不亚于丢了一位重要客户。对于这些关键人才的成长发展及薪酬激励，你得亲自关心，用好他们，留住他们。当他们心生去意时，你得亲自介入，花时间跟他们聊天谈心，深入了解他们的所思所想。对于组织中有潜质的年轻人，你要营造一种组织氛围，让大家真正感觉到，只要有真本事，在公司机会无限。乔布斯曾经说："当你提出创意时，太多的人会对你泼冷水，说你不切实际，说你异想天开。要是你还年轻，还不到 30 岁，千万不要听他们的。"

迪堡公司前任 CEO 安迪 · 马特斯认为，领导者就得是人才招募工作的第一责任人。在任期间，他进行了大刀阔斧的人才管理变革。对于高管，除了两位留任，其他岗位都做了调整；对于 2% 的关键人才，即 CEO 以下三个层级的所有岗位，他都会亲自把关。在这方面，他与乔布斯的理念非常一致："顶级人才关注的是公司及个人的发展前景，在这方面，谁能比领导者更清楚、更有说服力呢？领导者需要像星探那样，利用一切机会发掘人才、网罗人才。就拿领导者必须出席的大小会议及各种论坛来说吧，你在那些场合会见到很多人，其中不仅有你的潜在客户、投资人、合作伙伴，还有各路人才等着你去发掘、去招募。”

边界通信公司前任CEO玛姬·伍德罗特也是这样。对于公司最重要的50个岗位，不论是内部选拔还是外部招募，她都会亲自面谈、亲自把关。有时根据情况，她还会更加深入，亲自关注更多岗位。她为什么要花这么多时间做这件事呢？她的回答是：“在这些关键岗位上，必须用对人。他们的经历、能力、多样性、创造性够不够，他们的价值观正不正，CEO都必须亲力亲为，最终把关。”

人才招募工作的重要性毋庸置疑，因此领导者必须亲自挂帅。这是决定企业命运的大事，用什么样的人，就会有什么样的结果。我们说人才招募，不光指外部人才，也包括内部人才。人才招募工作必须常抓不懈，领导者必须亲力亲为。

借助数据及智能技术

工欲善其事，必先利其器。新时代有了新工具，在推动组织人才管理变革方面，数据及智能技术可以助你一臂之力，甚至可以成为你的竞争优势。

作为领导者，你要和 CFO 一起为此制定专项预算，让数据智能技术全面提升企业的组织人才工作。在这方面，通用电气公司做出了表率，他们已把基于数据的智能分析嵌入组织人才相关决策的每个环节。这些智能工具有效激发了员工的自主性，让他们在选择工作岗位、培训课程以及希望得到哪些反馈指导等方面，都有机会充分表达自己的兴趣、意向及诉求。随着数据的不断积累和智能系统的迭代，这样的数据分析及智能决策会更加精准。

现在很多企业在做人才决策时，还是主要凭印象、凭感觉。这些直觉判断固然重要，但基于数据的智能分析能让你如虎添翼，帮你挖掘员工身上还没机会展现的潜在特质，帮你找到业绩结果背后的根本原因。对此，你需要花时间了解，在日常工作，尤其是 G3 研讨及关键决策时，有意识地倡导使用这些智能数据分析工具。

谈到识人用人，以及人才方面的关键决策，很多领导者对自己的直觉判断非常笃定。有些人可能因此对智能数据分析的精准性及必要性还心存疑虑。面对这种声音，你要相信技术进步的迅猛速度，要知道这是当今时代的大势所趋，要坚定不移地投入支持。

列出行动清单，推动落实

领导者日理万机，对于自己必须做好的关键要务要做到心中有数。如果你真的认同本书的核心思想，真的想把组织人才放在第一位，那么在其他还在遵循传统管理思路的领导者所关心的关键要务基础上，你还得给自己加上几条。

- G3：组建由CEO、CFO和CHRO组成的三人核心小组，每周召开例会。
- 关键人才：持续关注关键人才，深入了解每个人，并亲自挂帅人才招募工作。
- 董事会议题：把组织人才列为与公司战略、重大风险及政策合规等同样重要的议题，在每次董事会上留出时间，进行专题讨论。
- 从组织人才出发：真正创造价值的是人。战略都是人定的，而且无论战略多好，人不对也做不出来。在构想战略时，一定要从组织人才出发。

- 组织人才战略升级：要像重视产品战略、竞争战略那样重视组织人才战略；要推动组织人才管理变革，重构组织，重塑人力资源，实现人才战略的全面升级。

推动组织变革的确很难，改变自己其实更难。你需要时刻保持警觉，不断提醒自己，聚焦关键要务，免得一忙起来就开始松懈，又回到了老路上。

当今时代，人才为王。如果你对此并不真心认同，认为自己足够英明神武，可以继续独断专行，那么本书倡导的所有理念与工具方法对你而言恐怕都不适合。

我们认为在快速变化的时代，组织应当力求灵活敏捷，应当有能力在充满不确定性的情况下理性决策，营造良性的组织氛围，让大家坦诚沟通、相互信任，更好地促进协同，激发创新。

这是这个时代对领导者提出的更高要求，领导者不仅要有自信，敢于决策，勇于担当，还要有胸怀，尊重他人，成就他人。这些方面，你不仅要自己做到，还要用同样的标准识人用人。无论某人多么才华横溢，如果没有尊重他人、成就他人之心，你就要非常慎重，尤其不能让其领导业务、领导人力资源、领导技术平台建设或担任公司董事。当今时代，组织边界日渐模糊，共享外包、广泛合作、自由职业已成为大势所趋，领导者更需要思考应当倡导什么样的企业文化价值观，构建什么样的组织形态，采用什么样的管理机制，才能更好地吸引各路英雄，与你并肩战斗。

海尔掌门人张瑞敏先生高瞻远瞩，他早就说大组织需要“逐渐失控”。这种提法，对很多传统的以控制为主要目的的科层式组织而言，简直是离经叛道。其实他不仅方向正确，而且实现路径也考虑得非常周到。关键在于“逐渐”二字。推动人才管理变革，把人才放在第一位，不能太过激进，得一步步来。比如，构想战略时从人才出发；做关键决策时兼顾资金和人才；重构组织时力求灵活敏捷；培养内部人才，要不断学习、持续提升；招募外部人才，要敢于另辟蹊径，必要时通过投资并购获取顶级人才；重塑人力资源时要领导者亲自推动，按时代的标准，将人力资源打造成企业的竞争优势。

推动人才管理变革绝不能是一时的心血来潮，你必须全心投入、全力推动、以身作则、常抓不懈。上述这些具体的步骤方法，都能帮你推动人才管理变革，帮企业在新时代更好地赢在未来。过程中肯定会遇到很多苦难与挑战，这是对你的考验。如果你还能坚守初心，就会发现所有努力最终都是非常值得的。渐渐地，你会看到很多喜人的现象涌现出来，比如，各种创新创意层出不穷；跨部门、跨职能、跨层级协同日益顺畅；面对外部变化能快速应对；着力打造的项目能开花结果，无心插柳的项目也有意外惊喜。

希望本书能为你指明前路，帮你一步步走向成功。

最后，祝你好运！

致 谢

首先，感谢我们访谈的众多首席执行官、首席财务官和人力资源领导者，他们无私地分享了自己的知识和难得的经验。他们的实例使文章更加生动，增加了读者所学，并鼓舞了我们所有人。我们的战术秘籍因为他们的贡献而无比丰富。确切地说，三家活力四射的公司里才华横溢的员工贡献了他们的时间、智慧和人脉，帮助我们把想法和经验转化成这本书。特别鸣谢“核心团队”，他们在整个过程中参与头脑风暴，处理报告和出版的复杂后勤工作。他们是查兰协会的 Geri Willigan, Cynghia Burr 和 Jodi Engleson；光辉国际的 Donna Gregor；麦肯锡公司的 Rik Kirkland 和 Matthew Smith。

此外，我们还要感谢众多优秀的朋友和同事在好几个月里给予我们热情支持、分享深刻见解，并深信不疑地认定这个主题的重要性。丹尼斯在光辉国际的思想深邃的合伙人有：

Gary Burnison、Stu Crandell、Dave Eaton、Ilene Gochman、Joe Griesedieck、Bob Hallagan、RJ Heckman、Jean-Marc Laouchez、Colleen O'Neill 和 Tharuma Rajah。

在麦肯锡，我们从各组织实践部门和人才与人力资本服务部门的领导和专家那里提炼了深刻的经实践锤炼的知识。他们是：Chris Gagnon、Neel Gandhi、Judith Hazlewood、Elizabeth Hioe、Conor Kehoe、Scott Keller、Luke Lu、Frithjof Lund、Susan Lund、Dana Maor、Mary Meaney、Bill Schaninger 和 Nina Spielmann。三位同事在查询数据和实例，保证多项工作同时顺利开展方面发挥了重要作用，他们是：Claire Colberg、Drew Marconi 和 Roni Luo。

Brian Dumaine 帮助汇报和完成了第一稿，Rick Tetzeli 以其优美的文笔和编辑对成书做出了重大贡献。Melinda Merino 第一天起就对此项目无比信任，贡献智慧并给予热情支持。她和哈佛商业出版社的同事是我们再好不过的伙伴。

最后，特别感谢遍布各地正在读这本书的有追求的商业领袖们，他们不遗余力为改善商业和社会做出了贡献。